不思議の国ニッポンのお葬式

～葬儀屋が語るココだけの話～

大川誠司
Seiji Okawa

はじめに

葬儀屋始めて十五年。さぞや儲かって蔵でも建つかと思いきや、借家住まい。電話が鳴らなきゃ仕事にならない。待ってるだけの二十四時間営業。社員は今時珍しい宿直仕事が当番であります。街頭でテイッシュ配りもできません。仕事をしたくてもこちらからセールスにはいけない。バーゲンも在庫処分セールもできません。仕事がなくても、家賃・人件費はいつもと同じ。車や電気製品は買い替えがありますが、葬儀の買い替えはない。

ありがたいもので葬儀を執り行ったお宅でご不幸があれば、もう一度依頼が来る。一度限りのお客と決めて、ぼったくり仕事をしていたら二度目はない。一つ一つ丁寧に。古い資料はデジタル化して残してあるので、即座に前回のご様子はわかる。十年前の葬儀と今日では変化する部分も多い。

ご自宅での葬儀も、建て替えしていたらできないし、会葬者の数も一般的には少なくなる傾向です。大体がして、葬儀のリピートはいつのことかわからない。年四回仏事や習慣の解説やらをリピーターに送っていることで、忘れられないようにしている。

積極的営業はこのダイレクトメールくらいしかない。過去の蓄積がいつか仕事になる、いつかはわからないが。

でも、私たちはみんな病人です。「死に至る病」という回復不可能な病気です。まいにち毎日、冥土の旅への一里塚を重ねているのです。

祖父母、父母、親戚、友人。これまでたくさんのお方とお別れしてまいりました。一方では葬儀会社の役員として多くの葬儀のお手伝いもしてまいりました。

死を意識して毎日を暮らす人はいません。葬儀会社という死を取り扱う仕事柄、お別れは身近なことです。否が応でも意識せざるを得ません。できれば身内知り合い、何に増しても自分の死のことは忘れていたい。

でも、自らを含めて別れの日は来ます。

その日を逃れることはできません。でも少しは備えができるかもしれません。何の備えもないままよりは少しは備えたいと思います。

その日の時に、少しは役立てれば幸いです。

昔は自宅で葬儀をしました。私の父は昭和四十年代に亡くなりました。狭小な自宅に祭壇を飾り、お棺は窓から出しました。左腿にはモーゼル拳銃で至近距離から撃たれた銃創が刻まれていました。もし、もう少し遠距離からであれば、足はなくなり、傷痍軍人となっていたでしょう。軍人は戸籍と同じように軍歴という記録が残っていて、今日現在でも取り寄せることができます。

陸軍は各地方自治体、海軍は厚労省が所管して記録を保管しています。父の軍歴を東京都から取り寄せました。昭和十三年の応召、北支・中支と転戦し上海・南京を経て昭和十六年除隊。昭和十八年に再度のお召しを受けて、北千島幌筵島《ぱらむしるとう》。敗戦時は千島列島最北端、占守島《しゅむしゅとう》七三旅団通信部隊でした。満州ソ連国境から機甲化部隊を引き抜きアッツ島玉砕以後の対米戦に備えたのですが、結果として独ソ戦を戦ったソ連最強部隊がシベリア鉄道経由で転戦し、無傷の我が陸軍とガチンコ対決しました。

この時点でのわが陸軍最強部隊でした。戦車第十一連隊は、部隊名を「士魂部隊」。今日陸自最強の一〇式戦車部隊がその魂を引き継ぎ「士魂部隊」を名乗っています。

八月十八日から二十三日まで赤色ソ連軍を圧倒、侵略を押し留め北海道占領を阻止したのでした。

二十八日まで戦いシベリア鉄道の鉄橋を要塞砲で打ち砕いたソ満国境の虎頭要塞と並び称される激戦での部隊です。父は、ソ連によって四年間拉致されていました。狭い自宅で葬儀を執り行いました。寿司に天ぷら。通夜振舞いを作ってくれたのは魚屋さんでした。

青年将校の決起した二・二六事件の主力部隊だった麻布一連隊の戦友でした。このころまでは戦友会も盛んで、いわんや東京出身者で連隊区が麻布一連隊だったので何人もの戦友や、シベリアに拉致された仲間が送りに来てくれました。今日、歴戦の方は九十歳を超えていて、戦友会も消滅しています。隔世の感漂うところです。

お墓の色々

亡くなって火葬が済めば四十九日を目途に納骨となります。お墓が定まっていれば、墓碑に書き加えて納骨します。親戚で困ったことが起こりました。古い家なので墓碑に書き加えるスペースがなくなっていたのです。二枚の墓碑を立てれば解決します。

墓以外に左右に建てる。言ってみれば看板二枚状態になってしまって、どうもおさまりが悪い。そこで新案を取り入れました。円筒形の墓碑です。宝珠が刻まれその下が円筒の石材となっていて、回転するのです。これで八人分の墓碑が書き込めます。もう八人分のうち二名分は書き込んでしまいました。最近では墓碑を立てないお墓がありますが、墓碑を読めばそこにご先祖様の没した年とお名前が知れます。自分の出自と来歴を知ることができます。

私の墓には幼くして亡くなった叔母の名が刻まれています。大正の時代です。腸チフスだったと祖母から聞きました。

「日が暮れてから桃を食べさせたのがいけなかった」

医学的根拠はありませんが、祖母は桃を悔やんでいました。その話を聞いて育った私は、夜になると桃をいただきません。祖母の遺言と思い守っています。叔父も昭和初期に十七歳で亡くなっています。結核だったそうです。こんな話を聞いて育ったせいか、墓参りには執着していて、春秋の彼岸には九か所の墓参りの習慣となってしまいました。

墓が定まっていなければ、新たに墓を求めることとなります。東京都の公営霊園は明治以来ですので、無縁となってしまったお墓が出ています。お墓は「墓地埋葬等に関する法律」によって強力な保存が定められています。

管理者である東京都が墓地使用者と連絡が取れなくなったとしても、すぐにお墓が撤去できる訳ではありません。連絡依頼の看板を立てたり相当の年月をかけて、最終的には官報に公告を掲載し、初めてお墓の撤去ができるようになります。我が家の墓の裏手のお墓は長期間お参りする方もないようで、荒れた状態となっています。連絡依頼の看板はとうに朽ち果ててしまいましたが、お墓は撤去されておりません。やがては公募となるのですが、公募例の少ない青山霊園ですと、いわゆる一坪の墓面積で倍率十倍以上、納める一時金は八百万円から一千万円くらいします。

これには墓石代は含みません。青山霊園は墓ブランドのトップに君臨する霊園ですから大変に高価です。小平霊園であれば、倍率七倍。金額は二百万から三百万円くらいになります。都営霊園は管理費が格安ですので年間三千円くらいです。

一般的に都内のお寺の墓地の場合は宗派が限定されていて、同じ宗派の方がその寺の檀家となることで墓を定めることとなります。檀家になる入壇料が五十万円・墓石が百万円から二百万円くらいでしょうか。

最近は納骨堂形式のお墓もたくさん募集されていて、墓石はありませんが百万～百五十万円くらいでしょうか。

散骨という方法もあります。粉骨すれば、海に散骨もできますし庭にまいてもいいでしょう。ネットで検索すればたくさん出てきます。

後日、供養はどうするのかの問題が起こることは気にかかります。墓碑の例ではありませんが、縁者は故人をしのぶ対象も方法もなくなってしまいます。

お寺では合葬墓へ納め永代供養という方法を提示しています。増上寺に合葬する方の縁があってお参りしました。本堂で読経供養の上、合葬墓に収めました。

費用は申し上げられませんが、檀家になり墓石を建てることと比べれば格安です。仕事の上ですが、生活保護の方の葬儀があります。

ご遺骨を引き取る方がいらっしゃれば問題ないのですが、ない方や受けとりを拒絶されるなどの遺骨は葬儀社が勝手にすることはもちろんできません。できうる限り懇意にさせていただいているお寺様の合葬募にお願いしています。生活保護は葬祭扶助費を定めていますが、埋葬に関しては定められていません。

散骨は日本人の文化概念と一致いたしません。

私たちは戦没者の遺骨を放置する意思はなく、現在なお遺骨収集団を組み励んでいますし、遺骨収集に異を唱える方がいるとは思えません。

沖縄に！　シベリアに！　硫黄島に！　ビルマに！　未だご帰還かなわぬ英霊のご遺骨をお迎えに毎年収集に努めています。

これは厚労省の行う事業であるとともに、ボランテイアが実行しています。世界標準からすれば日本人は「遺骨フェチ」とも思われますが、これが日本人です。

散骨は有体に申し上げるならば、海洋投棄や山林放置のたぐいでしょう。

不思議の国ニッポンのお葬式「目次」

第一章　時代を映す葬儀のカタチ

（一）お見送りの姿かたち　016
一晩夜伽（前通夜）を務めた、我が師の父上の場合
誰も呼ばないはずが人が集まってきた、我が師の葬儀
参列者五人だけ。師の母上の一〇〇歳の葬儀
参列者の数に驚いた、九十二歳の叔母の葬儀
（二）会葬者の人数を読む　021
希望の五倍の香典返しを用意した友だちのお兄さまの葬儀
直葬だったけれど自ら読経
お見送りは私が。息子の嫁の祖母の葬儀

第二章　知っておきたい葬儀のあれこれ

（一）葬儀の前に　025
自宅で亡くなると、さぁ大変

死亡診断書か死体検案書か
埋葬許可証があってはじめて納骨

（二）いざ葬儀、そのときに　029
ブラック葬儀屋のカモにならないために
一番いいのは生前戒名

（三）葬儀会場はどこ？　033
自宅葬儀をするには
マンションは葬儀屋泣かせ
葬祭場選びにはちょっとしたウラがある

（四）火葬と土葬　037
日本は火葬が九九・九％
ムスリムと土葬
総額二十万円以下の葬儀はありえない
副葬品で大爆発!?

（五）葬儀の後で　044
義理を欠くと一生後悔する
仏壇と位牌、さぁどうする
形見分けと遺品整理
相続、まずは故人の戸籍を揃えることから
相続財産の確定

第三章　お坊さんもいろいろ、お寺もいろいろ

（一）お坊さんもいろいろ　059
若くして「先生」と呼ばれるお坊さん
葬式坊主と蔑まれるお坊さん
説教上手のお坊さん
薬師寺のお精進料理
（二）お寺の行事とお坊さんの役割　068
お施餓鬼
「お経の配達」「カママエ」「歌詠み」
（三）お経とは何か　075

タイの托鉢僧と僧伽（サンガ）
マイお経の勧め
人は人とのネットワークで生きている

第四章　送る人も送られる人も高齢化

（一）高齢化社会のお葬式　081
一〇〇歳まで生きるということ
団塊の世代の高齢化

（二）高齢化を支える医療制度　087
国民皆保険
急性期医療
緩和ケア
終末期医療
お迎えが来る
「不健康な九年」をどう生きる?

（三）日本の介護問題　094

世代間扶助が基本の日本
（四）サザエさん一家に見る介護問題　097
三世代同居
波平さんとフネさんが同時介護になったら
介護施設入居か自宅介護か
（五）ドイツの介護事情　102
介護の担い手は？
第五章　葬儀は国のかたちを映すもの
（一）日本と中国の世界観の違い　105
孔子様は葬儀屋？
儒教と易姓革命
日本には儒教が入り込む余地はない
現在の中国は「強欲資本主義的独裁社会」
（二）日本人の信仰心をつくったもの　115
ペットと一緒のお墓に入れる

日本人は感謝で供養を表す
日本人には宗教心がないか？
日本人は仏教の徒か、神道の徒か？
行き着いた人口の一極集中
日本人に流れる縄文からの時間軸

（三）仏教との付き合い方　129

仏教の伝来
金の輸出とお経の輸入
空海の密教世界とは
キリスト教の伝来
キリスト教の変容と受容

解説・宮崎正弘（評論家・作家）142

祖父母、父母、親戚、友人の父母。私はこれまでたくさんの方とお別れしてまいりました。一方では葬儀会社の役員として多くの葬儀のお手伝いもしてまいりました。一〇〇歳を超える方も幾度かお見送りしました。

こうした体験から見えてきたことは、お葬式には実にさまざまな姿形があるということです。そんな中から幾つか記憶に残る身近な葬儀を取り上げてみたいと思います。

第一章　時代を映す葬儀のカタチ

(一) お見送りの姿かたち

一晩夜伽（前通夜）を務めた、我が師の父上の場合

若いころ、ある作家先生の書生をしていました。先生の父上は戦前は某銀行のパリ支店長、その後監査役をへて当時は財団法人の理事でした。何度か車で別荘までお送りしまし

たが、大変な紳士でタバコを吸ってもよいかとお尋ねになります。それこそ孫ほど年の違う私にです。タバコ、それもパイプです。強力な香り、車の窓から簡単に出て行かない副流煙。今のご時世ならそれこそ殺人者といわれかねません。

その強力な煙を味わい続けた奥様は一〇〇歳までご存命でしたから、喫煙と健康の関係は実証されてはいないのですね。

私も今でもパイプを咥えています。建て替える前の築地のガン研の霊安室で師とともにシャブリを飲みながら一晩夜伽（前通夜）を務めましたが、今時はこんな習俗もなくなってしまいました。

その父上様の葬儀がすごかった。財団理事長の宮様、父上様の財界人の交友関係、息子である流行作家の交友関係、弔電は広辞苑ほどの厚さになり、日本の財界人総集合の趣で、埋め尽くす供養の花は祭壇の周りに収まり切れず、外にまで溢れかえった。

こうなるとお名前をどう配置するか？　失礼があってはいけない。喪主のわが師は狂乱状態で悩んでました。通夜・葬儀もお別れの人でごった返し、お経が始まると直ちに焼香を始めないと、葬儀が執り行えない状態でした。

葬祭業の端に連なっていても、青山斎場や千日谷会堂以外でこんな規模の葬儀はめったにありません。さらに、納骨の日、都営霊園に参りました。びっくりしました。我が家のお墓の近所でしたが、都の霊園はたいへん広い。ざっと東京ドーム三個分くらいある。その中で五十メートルくらいしか離れていない。墓名碑からするとほぼ同時代、大正のころに墓を定めたことが分かります。ずいぶん昔から近所だったのです。

誰も呼ばないはずが人が集まってきた、我が師の葬儀

土曜日の休み、チョット寝坊してました。すると電話が鳴りました。兄弟子からでした。師匠が亡くなった。直ちに向かいました。喪主の希望で誰も人は呼ばない。流行作家でしたが、新聞にも葬儀の日時場所は知らせない。

情報を遮断して通夜を迎えました。遮断したはずなのにお見えになる方がいらっしゃいます。何処からか亡くなったことを聞きつけ、火葬場は桐ケ谷と見当をつけて、斎場に電話して調べたそうです。

御縁のある方は不思議とお見送りに参ります。ちなみに桐ケ谷斎場が建替えになる最後の日でした。広い駐車場に車がいない。不思議な光景でした。

参列者五人だけ。師の母上の一〇〇歳の葬儀

師の母上。十年ほど施設にいらっしゃいました。足腰は立たず自分がどこにいるのかもわからず、管につながれて心臓は動いているけれどの状態で一〇〇歳を迎え、お見送りしました。お元気なころはスニーカーを履き潰すくらいの健脚で、がんで亡くなられたご主人が戦前にパリの駐在だったくらいの高級会社員でしたから、遺族年金もたっぷり。

世界を旅していらっしゃいました。師が亡くなっとき既に痴呆が始まっていて、弟子の私と誰かを取り違えていました。察するところ、痴呆の履歴は二十年にも及びます。ご葬儀はある宗派の御本山で執り行われました。

請われるままに私が書き綴った思い出話の中から法名がつけられました。大変立派な葬儀でしたが、参列者は五人だけ。うち四人は弟子でしたからご遺族は一人だけ。お孫さんも御親戚もいない不思議な葬儀でした。

満中陰四十九日の法要、引き続く納骨も五人だけ。マイバッハでお寺から墓所へ、結構な食事をご馳走になりました。

思い起こせば師の父上、ご本人、母上と親戚でもないのに随分と縁のある事です。ご遺族は真言宗の僧侶の娘に生まれていますが、お経は完全に忘れています。

喪主様の希望は、葬儀は高野山で、遺骨はトルコのカッパドキアで散骨してほしい、と。お元気です。春秋の彼岸、お盆には花と線香をもって墓参は欠かしません。生前は師匠としてお仕えしました。しかも、我が家の墓のご近所、これは仏縁としか申し上げられません。

参列者の数に驚いた、九十二歳の叔母の葬儀

叔母を見送ったときのことです。亡くなる十日前にはお饅頭を一緒に食べたのですが、急に亡くなってしまいました。指の爪はきれいなネイルアートで飾られていました。孫の女子高生が飾ってくれたといいます。九十二歳、大正の生まれのおしゃれな人でした。斎場での通夜に参りました。遺族席にざっと九十人。喪主の関係の弔問は一〇〇人くらい。九十二歳のおばあちゃんがなくなってこの参列者の数はびっくりです。翌日出棺

し火葬場に向かいました。霊柩車を先頭に喪主の乗ったハイヤー、マイクロバス二台、その他自家用車の大規模な葬列です。マイクロバスに乗りましたが、「今出発！」と携帯電話をかける方が複数いらっしゃいます。葬列は自宅前、並んで建っている本家・分家の前を通ります。沿道にお見送りの方が出ていらっしゃいます。合掌し深々と礼拝されます。お見送りを受けて火葬場に参りした。火葬炉の前は最終のお別れをする方が五十人、六十人、ここまでのお見送りは見たことがありません。

＊ひと言：葬儀の姿かたちは、亡くなった方の人生や人となりを映すものだということです。故人の意思を汲んで行ないたいものです。

（二）会葬者の人数を読む

希望の五倍の香典返しを用意した友だちのお兄さまの葬儀

友達の兄上が亡くなって、お見送りをお手伝いしました。彼は弁護士さんでした。自宅でご葬儀、親族だけでお見送りを行うご希望でした。予感が働いて、香典返しも希望の数の五倍用意しました。車の整理のためガードマンも配置しました。通夜当日、予感が当たって一〇〇人以上の会葬者となりました。弁護士仲間にＦＡＸが廻ったようです。

また別の例もあります。私の伯母です。三月末に通夜、告別式を行いました。喪主は従兄弟、定年まで三年を残す現役の銀行の管理職。何せ、義理を欠かさないのが銀行員とヤクザ。それも管理職の親ですから、これはたくさんの会葬者が予想されました。ところが、銀行から供養の花四本、参列者は三人でした。これは見事外れました。広い会場がスカスカになってしまいました。

直葬だったけれど自ら読経

息子の嫁のお婆ちゃん。一〇八歳でした。何と日露戦争のころのお生まれでした。少し痴呆は入っていましたが、息子さんの介添えで歩いていましたし、施設にも入っていませんでした。

亡くなる三日前まで、散歩をするほどお元気でしたが、消え入るように亡くなりました。診断書は老衰。密葬といっても参列者は六人だけ。いわゆる直送です。祭壇を飾らず家から出棺するだけの荼毘のみの葬儀が予想されました。家を出るとき、輪袈裟、小さい木魚、印金《いんきん》（携帯型のおりん）、坊さん用の長い線香を持って出かけました。やはり、お坊さんは呼ばれていない。

出棺の二時間前に着くようにしましたので、四十分ほど供養申し上げ、火葬炉前での読経もいたしました。灌頂《かんじょう》は二つの宗派で三度、法名も頂戴し具足戒《ぐそくかい》を受けておりますのでいわゆる沙弥《しゅみ》となっています。

親戚のために読経することに問題はありません。さらに言えば、仕事の営業エリアからははるかに離れた場所。万が一にも知り合いの坊様に合う恐れはないし、まして同業者にも会うこともない。

営業エリアでこれをすれば、葬儀屋が坊主の仕事を奪っていることになって非難轟々になります。おばあちゃんは安らかに旅立ちました。

ロンドンの友人からメールが来ました。母上が危篤なのでパニックになっていました。成田からまっすぐに渋谷でピックアップして、ご自宅へ。母上は奥多摩の病院で亡くなりましたので、すぐに会社から手配してご自宅へ。

お父さんはかなり痴呆が進んでいるので、ただ座っているだけだから関係ない。大丈夫とのことでした。ところが、ご遺体を安置すると急に正常状態に戻られて大騒ぎとなりました。痴呆は正常とは紙一重なのです。異常事態が起これば正常化することも多いようです。

＊ひと言：葬儀には会葬者の人数を予測する想像力、思いがけない状況に対処する適応力が必要です。

第二章　知っておきたい葬儀のあれこれ

葬儀に参列することは多々あっても、いざ自分が葬儀を執り行う当事者になると、実際の葬儀はどのように行われるのか、慌てる方も多いようです。式次第は葬儀屋に任せるとしても、最低限、知っておいた方がよいこととは何でしょうか。

（一）葬儀の前に

これがないと葬儀が執り行えないのが死亡診断書か遺体検案書です。また、これがないと納骨、埋葬もできないのが埋葬許可書です。

自宅で亡くなると、さぁ大変

父の姉、亡くなる半年前に電話で話しましたが、全く痴呆はありませんでした。彼女は満州からすべてを失って引き揚げてきました、従妹姉二人の手をしっかり握りしめて。もしその時手を放していれば従妹二人は今いなかったでしょう。満州帰りの姉二人はそう述懐しています。

伯父は満州でお召しに応じ、ソ連に拉致されながらも御無事に帰国できました。小柄な伯母が幼な子二人を連れて満州から引き揚げてきたことを思うと、つくづく気丈な伯母でした。戦後生まれた息子の腕の中で静かに亡くなりました。一〇〇歳。しかし、自宅で亡くなったのでちょっと面倒なこととなりました。

最近も友人のお母さんのお見送りを手伝いました。車椅子を娘さんが押し散歩していましたが、肺が悪くて酸素ボンベ付きでした。自宅でそれこそ死期を悟ってなくなりました。結局警察ということになります。

九十歳過ぎて警察に行くこともなかろうとお思いでしょうが、そうはいかない。警察の霊安室にお迎えに参りました。「死体検案書」になってしまいます。

後日、所轄の署で聞いたところによると、年間三〇〇件くらい事案があるそうで、そのうち一〇〇件ほどは事件性のものだそうです。殺人ではなくとも、自殺・変死だそうです。広くもない警察の霊安室はいつも一杯だそうです。東京には一〇二の警察署があります。その一つの署でこうです。東京全体そして日本全部は想像ができません。

孤独死も問題となっていています。亡くなって時間が経過すると腐敗が進みます。この異臭が発見の契機となることが多いようです。都市部ではマンション住人が六〇%にもなりますので、孤独死を発見することは難しくなっていて、まさに民間のボランティア活動で「見守り」に奮闘しています。

夜に電灯がついているか、電気ガス水道のメーターは回っているか？　外からでは不在なのか判別が難しい。最近も、消防、警察がサイレンけたたましく近所に止まりました。すわ大事件かと思って野次馬根性丸出しで行ってみました。

消防署の方が大勢、窓越しに中をのぞいたり、窓を壊すためかハンマーなども見えます。結局、住んでる人は入院していることが分かり、一件落着となりました。

死亡診断書か死体検案書か

人は必ず亡くなります。できれば親族に看取られて自宅で亡くなりたいものです。病院のベッドより、住み慣れた家で逝きたいものです。我が家で往生したい。これが今は面倒なのです。まず、警察が動きます。事件性のありやなしや。当然法医解剖となります。せっかく家で亡くなったのに、法医に回ってしまう。病院で亡くなると「死亡診断書」、法医に回ると「死体検案書」となってしまいます。

在宅診療という制度があり、お医者さんが往診に来てくれます。むかしは、聴診器や血圧計をダレスバッグにいれて、白衣を着てお医者さんが来てくれました。

今は、通院が困難な方のために在宅診療があります。熱があるからといって在宅診療を受けることは想定されていません。通院困難とは介護との連動です。

友達のお母さんをお見送りしました。何年かしてお父さんは息子さんの腕の中で亡くなりました。在宅診療を受けていたので、お医者さんに来てもらい死亡診断となりました。死亡時間はお医者様が来た時間です。

埋葬許可証があって初めて納骨

夜中の三時に電話が鳴りました。「パパが！　パパが！」妻と一緒に病院に駆けつけました。友人である娘さんが帰宅すると、お父さんが風呂で倒れている。救急車を呼びましたが既に…。娘さんは完全パニックでどうしようもない。

しゃがみこんで泣くばかりで手が付けられない状態です。友人なので私たち夫婦が説明役、これは警察が動きます。家族関係から病院の履歴まで様々と聴取されます。

事件性のありやなしや。なだめすかして調書の作成のお手伝い。ご遺体は法医解剖となります。死因は水死でした。

この娘さんは色々ある方で、四十九日で納骨したのですが、埋葬許可証を家に置いて来てしまったのです。霊園の管理事務所に、葬儀屋の名刺を出して、当社で葬儀したことは間違いない。たまたま、埋葬許可証を置いて来てしまったので、今日の夕方までに必ず持ってくるからと納得してもらい納骨しました。何処でもそうですが、骨壺と埋葬許可証はセットして入れます。わざわざ出して置いてくる例は聞いたことがありませんでした。

＊ひと言：死亡診断書、遺体検案書、これがないと葬儀ができません。また埋葬許可書がないと納骨もできません。亡くなったことをお医者さんが証明し、戸籍上死亡を届け出て火葬許可となります。区役所・市役所は二十四時間年中無休で戸籍申請を受け付けてくれます。生死冥幽の境は行政事務では年中無休なのです。

（二）いざ葬儀、そのときに

ブラック葬儀屋のカモにならないために

葬儀を行う場合、宗教が問題になります。宗教によって式次第が変わってくるからです。日本人の場合は九九％が仏式ですが、その次に宗派が何かが関わってきます。「うちは何宗？」。身内がお亡くなりになり葬儀になったとき、親族が集まってよく耳にする会話です。生まれ故郷からは遠く離れ、故郷の寺は廃寺になっているのか、今はどちらのお寺ともご縁がない。葬儀は九九％が仏式のため、どこかに頼まなくては。

これはブラック葬儀屋にとってはとっても美味しい。よだれが出る位、うれしい。

戒名は院号で、通夜、告別式となると、お寺さんには一〇〇万円ほどのお布施になる。お寺さんからブラック葬儀屋へのリベートは少なくても三〇％、五〇％にはなる。寺を連れてくるだけで三十万、五十万円の純利益が出るのです。

さて、本当にあった話です。私の伯父が亡くなりました。ご宗旨はわかっていましたが、東京ではお寺とは縁がなかった。葬儀屋が寺を連れてきて戒名の相談。ちょうどその場に到着しました。直ちに、宗派の本山・宗務課の友人に電話しました。するとまったくの偽物でした。

直ちにお引き取りいただきました。本山からの紹介で通夜告別式を行いました。お寺と縁を結び、仏壇もお墓もお世話いただきました。

もう一つ、これは友人のお父上がなくなった通夜の出来事。まったく宗旨違いのお経に、戒名のつけ方も違う。

喪主は元々血の気が多く、すぐに手が出る少林寺拳法の使い手。通夜の後は、坊主そして連れてきた葬儀屋はボコボコ、それこそ血染めの反省を余儀なくされました。天網恢恢疎にして漏らさず。

葬儀会社ですので、ご遺族からお坊様の紹介の依頼はたくさんあります。そういうときはできる限り、寺院を構えているお坊様を紹介します。

場所などの都合で相当するお坊様がない場合は、葬儀会社のネットワークの中で探します。こんな場合、お寺様からは紹介料として十万円ほどはいただきます。

普段から懇意にしているお寺様には、お施餓鬼《せがき》や改修などに寄付も致しますので全体ではトントン程度です。

皆さん「立派なお寺だな」と見ていますが、漆や金箔などを使った工芸品がほとんどですし、基本的にオーダーメイド。内陣の修復となると億円単位でかかります。檀家総代から始まって葬儀会社まで寄付をいたします。このように寺は存続していきます。

それこそ維持費は膨大ですので檀家皆様が頑張るわけです。宗教法人は無税だ。そうは簡単には云えないことだと思います。

一番いいのは生前戒名

檀家制度は戸籍住民票に代わる地域の行政事務として、江戸幕府が寺に押し付けたものです。寺の檀家として通行手形が発行されました。地域ごと、村々にお寺ができました。ちなみに『コンビニエンスストア統計調査月報』二〇一六年五月号によれば、全国のコンビニ総数は五万四一九五店舗。『宗教年間』文化庁二十七年度によれば、お寺の数は八万五一二八。神社はもっと多くて八万八四七二社を数える。江戸時代の通行手形は村々町々でコンビニエンスに発行されるパスポートです。その寺受け制度の名残が檀家制度です。先祖代々由緒正しい◯◯宗というわけですが、参拝したこともない寺の檀家というのも不思議な話です。檀家さんはお寺にお布施をし、お盆の施餓鬼などのお寺の行事に参加したりと、何かとお寺の縁があるものです。お亡くなりになってから急にご先祖の宗旨を持ち出す。伝統といえば伝統ですが、お元気なうちにお寺と縁を結んでおいたほうが混乱はありません。できれば生前に戒名をいただいておけば一番よろしい。親しい友人から葬儀の相談を受けたときは、戒名をいただいておくことを薦めています。

＊ひと言：葬儀をスムーズに執り行うためには、お寺さんとは縁をむすんでいると便利です。

（三）葬儀会場はどこ？

自宅葬儀をするには

葬儀に関係するようになってから十五年ほどになりますが、友人知人の葬儀をお受けしたことは多数あります。近頃はご自宅での葬儀はほとんどありません。決して不可能ではないのですが、いくつかの前提があります。

まず、祭壇を飾るスペースがあるか。六畳単独では難しい。六畳、八畳の続間で実質十二畳くらいないと祭壇にならない。あとは、動線の確保です。ご遺体の安置とお棺の搬出ができるかが問題となります。

妻の実家はおじいさんは自宅で葬儀ができました。おばあさんの時には、建て替えてしまった後なので物理的に祭壇が飾れなくなってしまいました。

友人のお母さんお父さんと二度にわたりお送りしました。二階の八畳二間に立派な祭壇を飾ることができ、お坊さんの席、遺族の席も用意できました。でも、お棺が二階から出せないという問題に突き当たりました。

これは、ご遺体とお棺を別々にしておろし、一階で再度納棺することで解決しました。このご葬儀は自宅で執り行ったなかでも、大変荘厳な葬儀と記憶しております。

マンションは葬儀屋泣かせ

ご存命のうちに葬儀の相談を受けることは多々あります。ご自宅で葬儀のご希望がある場合、訪問して寸法を測ります。これにイメージ図や過去の葬儀の写真をお見せしてご希望と実寸寸法から合うものを探します。

あとは精進落しのできる部屋があるか。こまごまありますが、最終的にはお棺をどう出すか。今相談のあるお宅では、ぎりぎりで出棺できそうです。万が一だめなら、窓から出し犬走《いぬばしり》を使って搬出できる。そんな事前落ち合わせをいたしました。

マンションでのご葬儀の場合、エレベーターのあるやなしやで葬儀屋泣かせとなる場合があります。

エレベーターがない場合、階段で祭壇などの道具をすべて運びます。これは葬儀屋の仕事ですから当たり前のことです。さて、お棺をどう出すか。階段で運び出すことはほぼ無理です。お棺の平衡を保ちつつ階段で下すことができません。ご遺体とお棺をセパレートさせ階段で下します。仕事は、たいへん気を遣う肉体労働になります。

ご遺体を遺体収納袋に収め細心の注意を払っておろします。三人一組で三階が限度で交代要員にバトンタッチして下ろします。この手法は、緊急搬送で布製担架を使うことと同じ要領になります。

エレベーターがあっても、六人乗りではお棺は乗りません。九人乗りかつトランク収納部分がないエレベーターは、手で下すこととなります。これは年に何度かあります。

そんなマンションでの葬儀は無理ですからできません。もし「できる」と葬儀屋がいうなら、その葬儀屋はブラック葬儀屋でしょう。お施主様のご希望に沿うのが葬儀屋の仕事です。

ちなみに私の住む大田区の集合住宅の人口は六〇%を超えているそうです。なかなか、ご自宅での葬儀は少ないわけです。

でも、全国的に見ればこれが異常なので、ご自宅での葬儀は当たり前です。家族葬ばかりの世の中ですが、房総半島で邸宅葬と掲げられた看板をみつけて、うれしくなりました。

葬祭場選びにはちょっとしたウラがある

都市部ではご自宅での葬儀が激減していますので、かなりの部分が葬祭場での葬儀となります。まず第一にどの葬祭場を使うのか。

葬儀社は自社で斎場を持っていることも多いので、まず自分の斎場を薦めます。それはそれでよいのですが、必ずしも参列者の交通手段が整っているとは限りません。なぜなら、斎場建設は近隣の反対にあうことが多く、繁華街の近隣には作りずらいからです。となると、結構遠いところにある場合があります。葬儀会社としては自社物件の稼働率が高くなるので良いのですが、参列者にとっては足の便が悪いという問題が起こります。自社の斎場を使わせようとすることはブラック葬儀社かもしれません。

あくまでも喪主様のご意向に沿うように考えてくれる葬儀社を選びたいものです。東京二十三区内には民間の歴史ある斎場がいくつかあって、火葬炉も併設されています。

今のように近隣が騒ぐ前から立っています。ほかには、ほとんどの自治体に公営斎場があります。区民、市民は割安で利用できます。

＊ひと言：自宅での葬儀には必要最低限の条件があります。いざとなって慌てないように、予め知っておくとよいでしょう。割安で利用できる公営斎場も利用できます。

(四) 火葬と土葬

日本は火葬が九九・九％

我が国の火葬の比率は九九・九％となっています。日本の最西端、与那国島。那覇から六五〇キロメートル。東京・青森間と同じくらいの距離。台湾までは一〇〇キロメートルしかなく、晴れた日には台湾が見えるという、漫画『Ｄｒ・コトー診療所』の舞台です。陸上自衛隊が駐屯し新たにレーダーサイトを作り支那からの侵略に備えを固めている人口一七〇〇人の島では、火葬場を作っても維持運営ができないので、与那国島では土葬が行われています。

野辺の送りは昔ながらの葬列を組んで墓所に向かうそうです。七年後掘り起こしてお骨を改めて埋葬します。

ムスリムと土葬

他に宗教上、火葬を禁じているイスラムの方のために日本国内でも土葬が用意されています。山梨と北海道にあるそうですが、もう満杯になりそうでムスリムの方々は困っているといいます。葬儀会社でもムスリムの葬儀は経験がありません。ムスリムの方は日本に十万人くらいいると聞きました。

共生社会と口で唱えるのは簡単ですが、土葬、いわんやムスリムは中々受け入れてもらえません。日本の国土は七〇%が森林です。墓地は作れるのですが、新たに土葬の墓、それもムスリムのためとなると、地元の同意が得られるどころか、反対運動になりかねません。

ムスリムに対する一般的不寛容は、ムスリムに友人ができれば解決すると思います。知り合いのムスリムのお宅をお訪ねしました。

すると何か見たこともない時計が置いてあるんです。一日五回の礼拝の時間、アザーンを知らせてくれるのだそうです。お茶をいただいているときにこの時計が鳴りました。曰く、

「後でまとめて礼拝するから、いいの。友達が来ているときは」

ムスリムの教えは結構融通が利くのです。奥さん四人までOK。よく知られることですが、元々は戦争未亡人対策だそうです。

なるほどたくさんの勇敢なムスリムの兵隊があってこそ、かの大強国ができたので、言われて見れば納得です。

ちなみに、中東に輸出される電子炊飯器はきれいにお焦げができるように作られています。ご飯が炊けたらお釜をさかさまにしてお皿に盛る。

するとプリンの上のキャラメルソースのようにお焦げが上になる。このお焦げが大事なんです。お焦げが最上級のおもてなしとなるのだそうです。同じようにカシオ計算機もムスリム向け腕時計を作っています。

アザーンを知らせメッカの方向を教えてくれるのだそうです。更にはイスラムの暦まで。ラマダンが正確にわかる時計です、国内では売っていませんが。

そうそう、日本で有名なムスリムの方がいらっしゃいます。インドネシア初代大統領スカルノ閣下の第三夫人デビ・スカルノさんです。

インドネシアと日本は強い絆があります。スカルノは日本軍の教練をうけオランダからの独立戦争を戦いました。敗戦後、インドネシアに残った日本兵は数千人と言われます。オランダ三〇〇年の植民地支配からインドネシアを独立すべく協力しました。

日本兵の戦死者は国営墓地に埋葬され栄誉を讃えられているし、叙勲を受けた方も多い。ちなみにインドネシア独立は〇五年とされる。これは皇紀二六〇五年の意味です。

大東亜戦争に敗れたといえども、日本人が果たしたアジア開放戦争へのインドネシアからの賛辞といえます。これは映画になっていてＤＶＤで見ることができます。（映画名‥『ムルデカ１７８０５』）根本さんはスカルノの第三夫人となりラトナ・サリ・デビと呼ばれるようになりました。

総額二十万円以下の葬儀はありえない

現在、生活保護受給者は二一六万人、うち高齢者は四十六万人（二十七年度厚労省）いらっしゃいます。

当然ながらお亡くなりになり葬儀もあります。生活保護法では葬祭扶助が定められています。これは棺桶・骨壺・火葬代を含んでいて東京都の場合約二十万円が役所から葬儀会社に払われます。

当然ですがお坊さんはついてまいりませんし、埋葬は含まれていません。つまりこの金額以下の葬儀は考えられないわけです。

格安な葬祭プランがネットで掲載されていますが、二十万円以下の葬儀は想像できません。広告ですので、色々なものが別途料金となっていて、そのまま提示の価格では葬儀ができません。

知り合いのお坊様から聞いた話です。火葬炉の前で騒然としているところに出くわしたそうです。職員と遺族が言い争っているのです。

遺族「なぜ火葬しないんだ」

職員「できません」

そこには毛布でくるまれたご遺体が。

「棺が必要とは書いていないではないか！」

そうです。お棺に入っていないのです。火葬炉を見ればレールが引かれていて、その上をお棺が移動する構造になっています。お棺がないと火葬炉に搬入できないのです。この押し問答はしばらく続いたようです。見るに見かねた和尚さんが葬儀屋さんにお棺をもって来させてその場はおさまったと聞きました。ちなみにお棺の代金はお坊さんが払ったそうです。


副葬品で大爆発⁉

確かに副葬品への注意はどこの火葬場も書いてあるし、葬儀会社も充分説明して注意している。それでもこっそりと故人の好きなものを入れる遺族があって火葬場が困ることがあります。例えば、ゴルフボール。

衣服のポケットにでも入っていたらわからない。これは爆発して火葬炉の中を暴れまわることとなる。火葬炉といっても燃焼炉の一種であり、化学製品が入ればダイオキシンを含む有毒ガスの発生など、二次燃焼で処理はしていますが、金属製品も溶ける温度が出るので火葬炉を損傷する可能性があります。

これらは棺の中に入れるものの問題であり、そもそも棺無しで火葬する構造になっていないため、棺無しは想定されていません。

亡くなった方を庭先に埋めることもできないし、まして放置することもできない。これは刑事事件となってしまいます。だとすれば火葬場で火葬するしかない。

最近ではネットでお棺も売っているし、ワゴン車やワンボックスカーならご遺体は運搬もできる。理屈では葬儀会社無しでも葬儀は可能です。しかし、安く片付けたい方には基本的なことが欠如している。

葬儀はお別れでありお見送りだということ。旧人類のネアンデルタール人の墓からですら、花粉が発見されています。黄金の仮面で有名なツタンカーメンも矢車草が出てきました。遥か一万年前の我々日本人の直接の祖先、縄文人。三内丸山遺跡の墓所からも大量の花粉が発見されています。

故人を送る気持ちは民族のＤＮＡとして連綿と刻まれています。困るものを処理するのではないのです。

＊ひと言：葬儀会社は葬儀という儀式を滞りなく行うことが仕事です。ご遺体処理業ではありません。

（五）葬儀の後で

葬儀が無事終了すれば、ホッと一息といったところです。しかし、葬儀の後もやらなければならないことがいろいろあります。それらを終えることで、はじめて葬儀は終わると言うことができます。

義理を欠くと一生後悔する

十二月になると喪中欠礼のはがきが来ます。友人の父上が亡くなって連絡がありました。私の父の葬儀にも来てくれたし、親友でした。

ちょうど福井県に一ヶ月に及ぶ出張中でしたので参列できませんでした。義理を欠いてしまいました。それ以降、付き合いが途絶えてしまいました。

義理を欠いたのは自分ですし、猛反省しました。たとえ出張中でも葬儀があれば帰ってくることはできたはずです。

しなかった私は、義理を欠き、さらには友人を失ってしまいました。以降連絡のあった通夜葬儀には何はともあれ、万難を排して参列するようにしております。

昔、あるお寺の檀家だったことがあります。年末にはがきが来ました。喪中欠礼。和尚のお母さん、それこそ学生のころから存じ上げている方がなくなったのに、来たのは喪中欠礼のはがき一葉。

この和尚先生には私の母の葬儀も取り仕切ってもらいました。仏壇もご本尊もお世話いただきました。

新春、我が家の仏壇の御本尊は変わりました。ご本尊に恨みはないけれど、坊主憎くけりゃ袈裟まで憎い。ご本尊様はさらしにまかれて箱入りとなってしまいました。

その後、このご本尊様は素晴らしいご縁がありました。仏壇の長谷川が特注品として作った蒔絵に金張りの飾りも素晴らしい工芸品レベルの仏壇。

呉善花先生宅の仏壇に長谷川社長自らの手では収まりました。ご本尊のあまねく力は御自らの居場所も定めてしまう。あなかしこ、あなかしこ。

このようにひと騒動の種になります。「なぜ知らせなかった！　そんな付き合いだったのか！」と。

「自分の父母の時は来てくれたのに、義理を欠いてしまったではないか」

最近は家族葬やら直葬やらで、誰も呼ばない葬儀が増えています。葬儀の五〇％はそのような葬儀になっています。

高齢化社会は亡くなる方の高齢化を意味しています。義父曰く「送る人はみんな送ってしまった。送ってほしい人は向こうで待っているヨ。」

本当に親戚だけの葬儀でした。でも、お経をあげに来てくれたのは在家から僧侶となった従弟でした。親戚だけとはいっても三〇人ほどのお別れでした。

高齢になれば参列者が少ないし、お金もかかるからという理由が多いように見受けますが、葬儀をすればお参りに見える方は香典をお持ち下さいます。

それなりに葬儀費用はカバーできます。簡単にしたい。それはそれで致し方はないのですが、義理を欠く事は覚悟する必要があるでしょう。

ひと言：葬儀は亡き人を送るとともに、生きる私たちのつながりを確かめ合うものでもあります。そのことをぜひ忘れず、お見送りをしたいものです。

仏壇と位牌、さぁどうする

戒名をいただき通夜、告別式も終わりお骨が家に帰ってまいります。

戒名は白木の位牌に紙で書いたものが張り付けてあるだけの仮のものです。

葬儀業での用語ですが、後飾り段を設けて埋葬まで自宅で供養いたします。飾り段、おりん、ろうそく建て、香炉などは葬儀料金に含まれていて、葬儀屋が持ってまいります。簡便なものですので、あくまでも納骨までの仮置きです。

納骨が済めばさてどう供養するか。

仏壇があれば、位牌を作るか過去帳に書いてもらいます。仏壇を求める場合も色々考えることがあります。

義父の場合、それまであった仏壇を廃棄して、新たに仏壇を求めました。旧仏壇は無差別爆撃で焼けてしまい、戦後定めたものでした。

代々の門徒で、金箔を施した仏壇です。旧仏壇を修理することを提案したのですが、自分の住処は俺が買う、といってかたくなに新しい仏壇こだわりました。仏壇の買い替え例はあまりありません。

我が家の仏壇は震災前のものでした。それこそ九十年は経過した時代ものでしたが、ボロボロになり黒のビニールテープで補修するありさまでした。

引っ越しを機として、新たに求めました。さて、旧仏壇をどうするか。お寺に収めてお炊き上げするのが普通です。でも、秋の枯葉を集めて燃やしても消防署がすっ飛んできて消化されてしまいます。

東京では焚火もできません。消防では野焼き禁止です。お寺も同じ。古い塔婆も、枯れ枝も燃やすことはできません。消防法の例外は、正月のどんと焼きなどの宗教行事のみ、柴燈護摩もそうです。

屋外で火をつけることは特別な例外です。そこで、義理の叔父の長野の別荘に車に積んでゆきました。別荘の庭で塩をまき清めたうえで、お経を唱えながら自分でお炊き上げいたしました。

新たな仏壇は黒檀の三方練りです。仏壇の隣に黒檀の飾り棚をお祝いにいただきましたので、唐木の一本物の対比では仏壇は迫力を欠いてしまいますが、とても一本物の仏壇は高くて買えない。三方練りとは一種の唐木の合板です。予算上仕方がない。

仏壇の最高級は京仏壇でしょう。千年王城の土地柄、最高級といわれます。他にも金沢仏壇。江戸仏壇もあります。

浅草には仏壇屋が軒を並べています。見物に行くのも楽しいです。それこそ一千万円もする工芸品レベルの仏壇を拝見できます。もちろん手の届く普及品もたくさんあります。素材も唐木が色々。黒檀、紫檀、赤色の鉄刀木。

お好みの素材を見て歩くことができます。仏壇の大手といえば、お仏壇の「はせがわ」でしょう。仏壇販売で上場企業です。仏壇は基本的に買い替え需要がありません。その中で大企業になるのは、哲学があるようです。

一回だけいわゆる一見客からぼったくるだけぼったくる。これんな悪徳企業では先は知れています。葬儀と同じで丁寧な説明や接客態度が完成され、最大手になった「はせがわ」。長谷川相談役はお目にかかったことがありますが、しっかりとした哲学をお持ちの方とお見受けしました。

最近はマンション住まいも多いので仏壇の大きさも変化しています。

従来建築は尺貫法でできているので、尺寸が基本単位です。マンションはメートル法で設計されているので、そこに尺貫法の仏壇は寸法が合わない。置く場所を考えて仏壇を選ぶ必要があります。

合板ニス塗家具調の仏壇なら二十万位からあります。唐木の三方練りなら五十万からあります。もちろん、工芸品レベルの注文仏壇は値段がありませんし、納期もかなりかかります。

さて、仏壇が決まればご位牌となります。過去帳形式の場合、お寺で書いてもらいます。過去帳は日めくりになっていて、毎日めくりその日が命日のご先祖様をまつります。

お坊さんも字がうまくないといけないのですね。最近御朱印がブームになっています。御朱印を書くお坊様は字もうまい。参詣客の多い寺のお坊様はそれこそ腱鞘炎になるくらい忙しい。中には字の下手なお坊様もいます。

我が家の過去帳も仏壇とともに新調しました。古い過去帳を叔母に見てもらって、親戚だけを新しい過去帳に書き写しました。

友達から近所の人まで縁のあった方の戒名まで書いてあったので、何が何だか分からなくなってしまいました。葬儀屋は専門に書いてくれる人も手配します。わかりやすい楷書で書いてくれます。

位牌も色々ありあります。位牌の本来は儒教由来です。素材は一般的には木製で漆塗りです。戒名の書き込みを含めて七〜八万円。

唐木の一枚板になればかなり高価です。今まで見た中で最高のものは「バカラ」のクリスタルガラスに戒名を刻んだものです。価格は聞きませんでしたが、おそらく百万円単位でしょう。

昔から火事になれば位牌過去帳をもって逃げる。これが常識でした。これほど大事な位牌は何なのでしょうか。

考えるに、先祖があって自分がいるわけですから、ご先祖と自分をつなぐ道しるべとすると納得しやすい。また、先祖が下りてくる依り代とも言えます。神社は神のおり来るところです。

神社そのものが神奈備です。岩や大木だったりして遠くから見出すことができる目印です。我々は位牌を依り代として先祖との紐帯となしているのです。先祖とともにあれば孤独ではないのです。

先祖祀りは形式を問いません。父や母、祖父祖母、叔父叔母を懐かしむことは世界的共通価値です。

形見分けと遺品整理

亡くなった後、ご遺品の片づけが残ります。

形見分けで片づけようのないものは整理屋さんにお願いします。遺品整理業はネットで広告を出しています。

同業者で組合・協会を作っていますが、公的な資格ではありませんが、産業廃棄物収集運搬業の資格は必要です。葬儀に関係しているので遺品整理の依頼はあります。

ご遺品一品一品を吟味して、預金証書、保険の証券は金融資産、箪笥の底から記念硬貨も出てきます。ご遺族の相続対象です。指輪などの装飾品、絵画、焼き物、刀剣などの骨董類は目利きができないので、骨董屋さんに持ち込んで鑑定となります。

旧大名家からもらったという伊万里の大きな壺を必死の思いで骨董屋さんに持ち込みましたが、引き取ってくれませんでした。

箪笥の引き出し総ざらえ、畳の下まで見ますが、残念ながら、大半は産業廃棄物として処理されます。書棚の本も整理しますが、たまにすごい本が出てきてびっくりします。

古本の市で万円単位の値段の付くものが今まで書棚整理を十件ほどお受けした中で一件だけありましたが、これは故人様の交友関係の方からのサイン入りの寄贈本でした。

そこにはがきと年賀状が挟まれていたのでちょっと驚きでした。

著者深田久弥の人となりがしのばれる一級資料で、落札した古書店は売らずに自分の本棚にしまったそうです。他にも久保田万太郎の添え句付きの大正一五年の初版本がありました。

これは万太郎先生の幽かなご縁で私がもらいました。生活保護の方がなくなって六畳の部屋を整理しましたが、二日がかり小型トラック二台分の分量でした。

普通の産業廃棄物ではかなりぞんざいに扱います、捨てるものですから。遺品整理は尊厳を重んじ、もう少し丁寧に扱ってくれます。

いずれにしろ、基本的には産業廃棄物のうち安定五品目と呼ばれるものですから焼却になります。人件費を考えると、それなりに高額になってしまいます。お亡くなりになった後でも整理はそれなりの苦労があります。

ひと言：遺品は故人にも継承者にも大切な宝です。敬意を抱いての整理が必要です。

相続――まずは故人の戸籍を揃えることから

財産分与や相続のことなら弁護士や税理士と相談ですネ。ファイナンシャル・プランナーという資格もあって、銀行や保険の人が結構います。

弁護士・税理士はちょっと敷居が高いと思う人は、そこらの銀行にファイナンシャルプランナーは結構います。

制度の始まったころ、銀行員だったので講習を受けましたので少しは知っていますが、いまは国家資格となりましたのでそれなりの相談はできます。

ただし、あくまでも企業に所属しているので、それなりの方向性が出ることは心づもりが必要です。銀行・保険そして不動産屋も付随します。

相続となると、相続人の確定、相続財産の確定、相続持ち分の確定となります。相続は民法に定められています。

まず、亡くなった方の出生から死亡までの戸籍を揃えます。

日本の戸籍制度のおおもとは明治五年（一八七二）に遡ります。まずは自分の戸籍を遡ってみた。

明治二十二年（一八八九）生まれの祖母、慶応二年（一八六六）生まれの曽祖父までたどり着きました。

その一方、祖父の戸籍を遡りましたが、とんでもないことになっていました。「除籍焼失につき謄本の交付ができないことについて」という証明書が区役所二か所から交付されました。

「三月十日に戦災で焼失しました。このために交付できません」

陸軍記念日に焼夷弾の無差別爆撃による大虐殺（死者十万人、罹災者一〇〇万人）が行われた証左です。同じく海軍記念日を狙った「五月二十六日」の夜間低空焼夷弾爆撃、いわゆる「山の手空襲」でも戸籍の原簿は焼失してしまいました。旧麹町区、旧本郷区でした。

「震災」「台風」「集中豪雨」は自然災害ですが、「戦災」というものは存在しません。これは無差別爆撃という虐殺であり、ハーグ条約違反の戦争犯罪です。さらに原子爆弾投下は人体実験以外の何物でもない！

経済的損失についてはサンフランシスコ講和条約によって放棄しました。今日、アメリカは友好国であり軍事同盟も結んでいます。

しかしながら、私たち日本人は戦争犯罪について原初的にアメリカに報復する権利があります。ただ今はその権利を留保しているだけなのです。

ということで自分の戸籍を遡る旅は未完成で終わりました。もし相続となれば明治の戸籍まで遡ることが可能なことは実証できました。

何もそこまでも調べなくてはとは思いますが、民法に基づく相続ですのでここまではありうることです。

＊ひと言：戸籍を遡る旅は容易ではないケースがあります。空しく未完に終わる場合も。

相続財産の確定

次は相続財産の確定です。不動産は登記があるからすぐわかる。自宅や賃貸物件はすぐわかりますが、こんなものはわからないだろうという事がたくさんあります。

リゾート会員権の区分所有権付きのもの、昔買った山林などの別荘地。固定資産税が課税されていれば納付書が送られてくるので持っていることが判明しますが、会員権などの区分所有のさらに細分化されたものは、会員権業者が一括して納付しているので相続人にはわからない。

むかし熱海市にあるリゾートマンションの経営会社に関係していました。会員権業者は倒産ではありませんが、経営に行き詰まり、実質的に破たんしました。

熱海市では会員権業者の破たんによってそれまで業者が一括して支払っていた固定資産税が滞納となったので、細分化された区分所有者（例えばマンションの一室を二十人で持っているなどの事例も多い）に固定資産税の通知を送るようにしました。

すでに会員権発売から二十年くらいたっていましたので、相続が発生していて、この所有権は知らないままに相続は終わっていて相続人が混乱したという事例もあります。

預金、生命保険、株式、債権、骨とう品は現物があるのでわかります。後は相続持ち分を確定して相続は決定します。

＊ひと言：相続に関わる財産については、後顧の憂いを残さないように生前に総ざらいし、確定しておく必要があります。今で言う終活です。

第三章　お坊さんもいろいろ、お寺もいろいろ

葬儀の九九・九％が仏式の日本では、お坊さんやお寺と葬儀は切っても切れない関係にあります。しかし、そこから善くも悪くもいろいろな問題が派生してくることも確かです。お坊さんとお寺をめぐるお話を幾つか取り上げてみましょう。

（一）お坊さんもいろいろ

若くして「先生」と呼ばれるお坊さん

『不思議の国ニッポン』の著者ポール・ボネがＶＯＬ・４のなかで「ここに〝先生〟という言葉がある。カタカナでも〝センセイ〟と書くが」と述べています。

この先生という職業、一番若くして先生になるのは幼稚園の教諭でしょう。二十歳で先

生になれます。もう一つあります。お坊さんは先生と呼びます。学校の先生と同じ尊称です。修行中は小僧さんですが、得度をされると先生と呼ばれます。

お坊様は十五歳、十六歳で得度なさる方もいらっしゃいますので、高校生くらいの年齢でも先生と呼ばれ、席は上座。檀信徒さんは拝んで迎えてくれます。

とあるお坊様が言っていましたが、昨日までは小僧扱い、得度はしたもののお経は下手くそなのに、檀家のおばあちゃんからは先生と呼ばれる。お布施ももらう。不思議な気持ちなのだそうです。

これからこの道を一生かけて極めようと思ったといいます。先生、これは仏道に一生を捧げるお釈迦様の生まれ変わりと考えられているからです。若いうちから「先生」「先生」と呼ばれ、常に最高の儀礼をもって接遇されつけているので、〝先生〟にはちょっと勘違いしている方がたまにいます。仏道を尊敬しているのに、お坊様個人が高い徳を積んだ生き仏にでもなった様な思い違いがあります。

この思い違いは、檀家、信徒以外の方には全く通用しません。市役所勤務を経験したことのある和尚様がいました。

お酒もゴルフも麻雀も大好きな不愉快な先生でした。寺の庫裏（自宅部分）に全自動マージャン卓を置いて、「タニマチ」気取りでプロゴルファーと遊んでました。何かしら先生のご機嫌を損ねたらしく、何かにつけて意地悪されました。

檀家向けの寺の広報誌に悪徳葬儀社と書かれたこともあります。檀家でもないのでそばにもよりませんし、昔はご紹介していた葬儀も一切ご紹介しません。偉い坊様は気難しい。でも、宗門と檀家さんだけが関係者で、ほかには何の影響もないものです。

葬式坊主と蔑まれるお坊さん

この手の坊様はというと、檀家さん以外の一般の方と接しているのに、上から目線で偉そうにしゃべります。先生と呼ばないと返事もしない。会合の席でも当然のように上座に座る。これでは会話がスムーズには参りませんし、会議もぎくしゃくします。

結局、お坊さんだけが浮いた存在となって会議にならない。不愉快なので次からは来ないだろうと期待していると、また来て上座に座る。自分勝手に仕切りたがる。自分仕切りが通用しないと怒る。困ったちゃんの先生です。

こんな類の先生の主催する民間慰霊団体の理事をしていました。ある時、会合があったらしいのですが、私は呼ばれませんでした。

会合の席で私は罷免されたらしいのです。他の理事から話を聞きました。私は納得できません。まず理事長の坊様に内容証明で質問状を出しましたが、完全スルーされました。理事・会員全員にことの顛末を文書で伝えました。

会員の中にはお坊様のお寺の有力な檀家さんも含まれていました。坊様は慌てて、人を介して接触してきましたが、檀家でもない私は聞く耳を持ちません。むかし覚えた技術で「糾弾」ビラを作り再度全会員に送りつけました。

「日蓮の弟子が何たることか。三大眼目を掲げた愛国者の弟子がこの体たらくか。この弟子は反日連の売国奴に違いない。売僧を断固糾弾する」

てなことを昔懐かしいビラにしてしまったのです。さて困った。今度は坊さんが会いたいとやっとこさ直接電話をかけてきました。

あった場所は都心のホテルのロビー。衆人環視の中では殴られる心配がないとでも考えたのでしょう。坊様は異様に警戒していました。

お偉いお坊様の自己中心で、意に従わない理事の私を排除したつもりが、想定すらしなかった反撃に、

「これは街宣右翼に違いない。お彼岸に寺の前に街宣車を並べられて、糾弾されたら大変だ」

こんな想像をしたのでしょう。おバカな坊様と付き合う気もないので、詫び状を書かせて終わりにしてやりました。

本当に自己宣伝と偉ぶったお坊様でした。それでも江戸以来続く大きな寺の坊様。世間的には大先生でしょう。

ただし、宗門と檀家さんだけの間だけで。こんな坊様ばかりだから、仏教の布教はままならず、それこそ不況に陥ってしまい葬式坊主と蔑まれることになるんです。

説教上手のお坊さん

一方、六十歳の定年退官を迎えたその日に永平寺に入られた陸将がいらっしゃいます。戦前なら天皇陛下から直接任命される親任官、通常は閣下と呼ばれます。

退官で営門を出て、そのまま永平寺に入山されました。将官は運転手付きが当たり前。靴磨きも当番下士官が行います。

閣下と呼ばれていたのは昨日まで。今日からは修行僧です。若い小僧さんに交じって庭掃除の作務です。厳しい修行で知られるお寺です。

この先生はさすがに「閣下」。説法もお上手です。話が簡単明瞭、だらだら話さない。その中でちゃんと説法になっていらっしゃいます。十八歳で防衛大学に入り六十歳で将官定年、軍隊生活の生きざまが説法に反映しています。

説法をされるときよくわかります。仏教の教えをわかりやすく説法することは難しいようです。

奈良の薬師寺、一〇〇万巻写経で広く浄財集め、見事西塔を再建されました。先々代のご住職高田好胤先生は説法の名手でした。

僅か二七六文字に大乗仏教の基本認識である「空」を説いた般若心経は皆さんが唱えますが、理解が大変難しいお経です。仏教研究の大学院教授のような法相宗の管長様好胤先生の説法は今でも心に残っています。

一二五〇年前の奈良時代、大仏建立のあの時代です。奈良に国立の佛教大学のようなものが作られ、南都六宗の一つが薬師寺、法相宗です。

法相宗は唯識《ゆいしき》を研究するお寺です。我々の五感に意識を加えて六識、無意識の末那識《まなしき》、前世どころか前々世もっと古い六道輪廻の過去が規定する阿頼耶識《あらやしき》。この八識が「空」である。認識学プラス哲学が法相宗です。

お釈迦さまは聞く相手を区別して説法したとされます。それを対機説法といいます。修学旅行の中学生高校生相手に大乗仏教の神髄である般若心経を説法されました。好胤先生は「こだわらない心。偏らない心」と簡潔にご説法します。

＊ひと言：仏教の教えを易しく説くことは難しい。説法を聴くと、人々に向き合うお坊さんの姿勢、本質が見えてきます。

薬師寺のお精進料理

薬師寺は戒律が厳しいお寺で、夕飯をごちそうになりましたが、音は立ててはいけない。しゃべってはいけない。ただ黙々と膳に向う。

その日はカレーライスでした。でもお精進、肉は入っていません。お揚げさんがカレーの中に。食べ終わるとカレーの残りにお湯注いでいただきました。

薬師寺東京別院の近所のお寿司屋さんでご馳走になったことがありましたが、好胤先生はかっぱ巻き海苔巻き梅巻きの完全精進。

何かしら遠慮しながら寿司をいただきました。その後、ある結婚式でご一緒しました。ニューオータニでした。好胤先生だけ別メニューでご精進でした。お精進はつらいもんです。

京都の五重塔。空海の開いた教王護国寺、東寺でもお昼をいただきましたが、ネギが入っただけの素うどん。ご飯は食べ放題。毎日の献立だそうです。高僧と呼ばれる方は大変です。

お精進料理は粗食とは違います。高野山や善光寺の宿坊でいただく精進料理はたいへん美味しゅうございます。

東寺さんで年に一度、真言宗諸派の管長様が一堂に会する大法要があります。後七日御修法《ごひちにちみしほ》と申します。それは壮大なご法要です。

天皇陛下の御身ご安泰を祈願する七日間にわたる大法要です。陛下の御衣装が下賜され御身の御名代として祈願を受けます。手元に供される料理の品々の覚書があります。素材一つを吟味して、調理方法も極めて丁寧に供されます。

朝食の海苔一つにしても、形こそ旅館で出される一人前ずつ包装されたものですが、産地にこだわり風味・色にこだわりだされます。

見たことも食べたこともありません。普段粗食の東寺とは違って、年に一度の「ハレ」の精進料理。大　ご馳走です。

僧籍のある調理人が料理します。

この方の料理はいただいたことがあります。本当にうまい。でも、東寺にいるのは期間中だけ。あとは、某官庁の専属料理人でした。

＊ひと言：お精進料理は粗食ではありません。肉類こそありませんが、素材を吟味し、丁寧に調理された御馳走です。

（二）お寺の行事とお坊さんの役割

お施餓鬼

お盆のお施餓鬼は檀家さんが集まる大事なお寺の行事です。毎年同じ話では聞き手は「なーんだ去年と同じか⁉」先生の懐の深さが問われるのが説法です。先生の仏道修行の結果が説法として映し出されます。聴衆は檀家さんです。

先生のお話を聞いて仏道を垣間見るのです。曹洞宗の幼稚園に通っていましたが、仏道の初歩を教えてもらった、というよりは垣間見ました、程度ですが、色々な仏教説話を紙芝居で見せてくれました。幼稚園レベルから大人の檀家さんまで、わかりやすく教えに導くのが布教の第一。義理の妹の眠る寺は、古刹《こさつ》ですが、その先生はまったく説法しない。お経を唱えて「ハイ」終わり。

納骨の際も墓の前でお経を唱えていましたが、いつの間にか姿が失せた。本堂は彼岸の最中でもしまったまま。本堂にお参りもできない。

国宝でもしまってあるかと思いきや、せいぜい江戸後期の観音様。かと思えば、ご本堂のわきに閻魔様を新たに安置されたお寺もある。柄杓でお水をかけるとあら不思議、石材が赤く変化して閻魔様の顔が鮮明になる。インド原産の珍しい石材らしい。

この寺の先生は、説法も上手いし、何より墓参りに来た方に閻魔様、つまり六道輪廻を提示しているわけで、説法が具体的に提示されている。偶然にもこれらの二つの寺は同じ宗派かつ同じ派に帰属する寺です。

人間は演技する生き物です。犬や猿は仕込めば芸をしますが、演技はできない。お坊さまもお坊様らしい演技者になってほしい。

ゴルフ場でのことです。後ろの組から大きな豪傑笑いが聞こえてくる。二組後ろに植木等先生が回ってました。ラウンドが終ってからご挨拶しました。

以前にお目にかかったことがあります。ある会社の社長室でした。その社長は昭和三十年代に車のセールスをしていて、植木先生にはたくさん車を買ってもらった人でした。社長室でお目にかかった植木等は素の植木等でした。

物静かで言葉遣いもたいへん丁寧。ほんの一〇分ほどでしが、演技をしない素の植木等は、演技者以上に素晴らしかった。これが、外部で人が期待する植木等を演技すると大声の豪傑笑いとなる。これがたまらない。

お坊様も人が期待するお坊様の演技者になってほしい。それがある意味仏道ではないでしょうか。

＊ひと言：お施餓鬼は檀家さんが集まるお寺の大事な行事です。ここでの説法をいかに人を惹きつける魅力的なものとするか。お坊さんも演技者としての力量を磨いてほしいものです。

「お経の配達」「カママエ」「歌詠み」

「お経の配達」「カママエ」「歌詠み」。いったい何だろうと不思議に思われるでしょう。実はこれ、お坊さんの世界の業界用語なのです。

〈お経の配達〉

お盆を迎えるころ　和尚さんはとてつもなく忙しい。七月初旬、八月初旬墨染の法衣を着て汗をかきながら歩いている。ヘルメットをかぶってスクーターに乗って和尚さんは檀家さんを廻り、お経と唱えて供養して回ります。一般的にはお盆の棚経などと申します。宗派によってはお盆だけではなく、祥月命日に檀家さんにお経をあげにきてくれます。これを簡単に「お経の配達」といいます。お坊さん同士の内輪の会話です。お寺に電話して「お経の配達」お願いしまーす、などとは決して言わないでください。

〈カママエ〉

これは火葬場の扉の前で最後のお別れの時にお経を読むことを言います。火葬炉の窯の前という意味です。通常は戒名を頂戴し、通夜式、出棺してカママエの読経がワンセットになっています。近年葬儀が簡素化する傾向が顕著で通夜はしないが、せめても最後のお別れの時にはお経がほしい。

こんな場合、葬儀会社はお坊さんを手配します。「カママエ」のみお願いします。これは大きいお寺さんは来てくれません。

僧籍はあるが、派遣会社さんに登録しているようなお坊様になります。お坊さんも配達で来てくれる派遣会社があるんです。

〈歌詠み〉

人間の体は楽器です。話す声も音楽になります。子供の遊ぶ声を〃ピーチクパーチク〃などと呼びます。お経も一人での読経、太鼓も入って大人数での読経。さらに仏教音楽の声明もあります。リズムと節とお坊さんの声で文字はわからなくとも耳からお経が入ってきます。

体形によって自ずから声の性質も異なってきます。若い頃はそれこそ体重五〇キロの和尚さんも、壮年、中年と時間とともにそれなりのおデブになってくる。若い頃はキンキン声だったものが、次第にハリと艶が増してまいります。

ましてや、同じお経を二十年、三十年と唱えていれば節回しもそこそこに上手になってまいります。

四十代から五十代位のお坊様は聞いていて大変心地が良い。もっと年を取ると声量に陰はあるものの、それなりに枯れていてこれもよし。

お寺さんとの付き合いが長くなると、和尚様の声の変化を感得します。聞いているこちらも同じように年は取ってきますが、たくさんのお経を聞き、仏説を読み理解度が格段に上がっていますので、和尚さんの唱えるお経の好き嫌いが出てきます。

新潟のある禅宗のお寺で通夜告別がありました。十二月初旬、それも切腹して果てたとの第一報で、それこそとるものもとりあえず、雪の関越道をひた走りました。

来週にはスタッドレスタイヤに履き替えようと思っていた矢先、とりあえずタイヤチエーンを履いて走りました。

新潟埠頭で腹を切って自裁した先輩の狂気に満ちたご遺体に面前し、言葉もなくただただ覚え知ったお経を唱えていました。

腹を切るとご遺体は前かがみにのめっているものなのですね。腹筋が切断されるわけですからそうなります。

前かがみではお棺に入らないので、葬儀屋はたとえ背骨が折れてもまっすぐに伸ばし納棺します。それでも、まっすぐの態勢にはできず、棺桶から飛び出しそうな勢いになります。そこに、自裁した憤怒の形相が重なる。

ただ、心やすかれとお経を唱えるしかない。葬儀を執り行った先生が変わったお経を唱える。文言は知っているお経なのですが、節が違いすぎる。同じ宗でも流派が違うのかとも聞こえました。

一周忌、三回忌とお参りしましたが、ほかの先生は聞き覚えのある節回しでしたので、落ち着いて聞いていられる。唱和もできる。

恐る恐る先生にこのことを聞きました。「先代の住職は『ナマッて』いたから」息子の新住職はこともなげにおっしゃいます。

「歌詠み」、これはそれなりに上手い、下手があります。亡くなった叔母は、あのお坊様のお経は色気があるなどと評しました。

CDとなっているようなお経、声明はそれこそ宗派のチャンピオンが吹き込んでいるので、芸術性すら感じます。お寺のお坊様はそれなりに檀家さんの目の、耳のチェックが入っているものなんです。歌うたいも大変です。

＊ひと言：お経の配達、カママエ、歌詠み。これらはお坊さんの世界の業界用語ですが、すべてお経に関するものです。お経は声の良し悪し、読みの上手下手、いろいろな要素がありますが、いかに人々を仏の世界に誘うかということで、あだや疎かにできないものなのです。

（三）お経とは何か

タイの托鉢僧と僧伽（サンガ）

お釈迦さまは実在の人物で二五〇〇年ほど前に悟りを開かれブッダ（悟ったもの）になりました。

お経は仏の言葉を梵語を経由して支那語に意訳し漢字があてられたものです。仏典を読まないと意味は分かりませんし、研究者は梵語梵字のサンスクリット語で研究しています。お経はそのままの仏さまの言葉ではなく、梵語を経て支那語の翻訳を経て漢字の素読となっています。多言語での翻訳が繰り返されました。

ブッダの言葉を一番忠実に映しているのは、南伝仏教上座部仏教パーリ語原典といわれます。タイ、スリランカ、ミャンマーに伝わっています。

例えばタイのバンコックに三島由紀夫の『豊饒の海第三巻「暁の寺」』の舞台となったことで有名なワット・アルンがあります。

川沿いのモザイクタイルがきれいな塔のお寺です。ご法要が営まれていて、隅っこにタイ式の横座りでき聞いていたことがあります。音楽を聴くようにリラックスしました。タイ語ではなくパーリ語で読まれているので現地のタイの方は意味が分からないそうです。何か、日本のお寺と同じですね。

バンコクの早朝。お坊様が托鉢して歩いています。托鉢の鉢には炊き立てのご飯、果物、おかず、花などが捧げられます。

私たち旅のものは現金を捧げたりします。タイ国は仏教徒が九〇%、国王様も若いころ出家してお寺に入ります。

お坊様は黄色い衣を纏っています。この黄色い衣は葬儀の際に遺族からお坊様に送られるもので、タイの仏具屋では普通に売っています。当然ながら「綾・錦」の工芸品はありません。木綿の普及品のみです。

修行僧も高位のお坊様も同じものを着ています。

日本なら金襴の袈裟、色とりどりの衣。衣の色が坊様の位を表現している宗派もあります。このあたりが日本に伝来し発展した仏教とはチョット違うところです。

日本に伝来した仏教は途中で忘れ物をしてきてしまったのです。

＊ひと言：僧伽（サンガ）仏教生活教団です。出家者は布施だけで生活し仏教教団を形成しました。戒律を守り修行し、教えを広める基本単位です。日本に仏教が伝来しましたがこの僧伽だけは欠落しているのです。タイの仏教は僧伽で構成されています。

マイお経の勧め

お勧めします。お気に入りのマイお経を決めて、文字で読んでみてください。よく読まれるお経には解説書もたくさん出ています。

そのうえで、ネット上でもよいですからお経を聞いて見てください。今までとは違う世界が広がります。できれば自分で唱えてみてください。また、違います。でも一つだけ、二七六文字と短い般若心経を理解しようとするとかなり難解です。他のお経から入って、たくさんのお経を知ったうえで般若心経にトライするほうがよろしいように思います。

何しろ大乗仏教の成果「空」を説くお経です。

前提となる仏教知識が大量に必要です。短いからと始めると隘路にはまって訳が分かりません。そのうえで、高田好胤師の言葉を思い返していただけば、感得するものを発見できるかもしれません。

人は人とのネットワークで生きている

人は社会的生物です。両親がいなければ私たちは生まれません。両親も祖父母二組がいなければ生まれません。

ただ一人で出生することはないのです。原因の結果として私たちは生まれます。そして、おむつをすることから始まり、幼稚園・小学校と学校に進みやがて社会に出ます。親子・兄弟・知人・友人に囲まれています。

会社もあれば仲良しサークル。フラダンスの仲間、飲み仲間。野球つながりもあれば、囲碁はパチ・パチ。麻雀はジャラジャラ。

臨終の床で麻雀仲間にあと半チャンと言われた瞬間心拍数が上がった人を知っていま

す。犬や猿も群れで行動しますが、生きてゆくだけの群れで、趣味の仲間もなければ、まして共同体という社会を作ることはありません。

ジャングルにたった一人。台湾軍高砂義勇隊の中村一等兵も二十九年間をインドネシアモロタイ島で戦いぬきました。

毎朝皇居遥拝を欠かさなかったと聞きます。強烈な国家への帰属意識が三十年にわたる孤独な耐乏生活を支えました。

小野田寛夫少尉は残地諜者として三十年の長きにわたりルバング島で任務を務めました。警戒心の強い小野田少尉に誰一人として接触できませんでしたが、二十三歳の鈴木紀夫さんが小野田少尉と邂逅《かいごう》を果たしました。

鈴木さんから聞いた話では、ジャングルの中でテントを張って軍歌のカセットを流していたところに、三八式歩兵銃を構えた小野田少尉がこつ然と現れたそうです。

小野田少尉は国の命令という社会性があったからこそ、三十年間を戦い抜きました。帝国陸軍将校の矜持は歩兵銃と軍刀です。

元上官が任務解除命令を伝達し、比国に降伏しました。武装解除の証として軍刀を渡している写真は感動ものです。

ちなみに発見を成し遂げた鈴木紀夫先輩は雪男探しにチョモランマに行ったきり帰ってきません。

雪男友の会の会員証は今も大切に持っています。雪男を見つけて毛をお土産にあげるからと言っていたのですが。

たとえジャングルでの孤独生活を余儀なくされても、人は社会性の故にあって初めて人でありうる生物なんです。

人の心の健康を支える力は、肉体であるとともにそこに宿る精神にあります。

ライフサイクルの中で養われ、人と人とのネットワークの中で維持されるものです。

ひと言：人が生きるための基本は、社会性と帰属性が何より必要です。

第四章　送る人も送られる人も高齢化

「一〇〇歳まで生きよう♪」。

四十年前に流行った歌です。「けっして楽ではないけれど」「一〇〇年たったら夢になる」歌っていた三人のうち、既にお二人は亡くなりました。

この歌に歌われたように、一〇〇歳まで生きるというのもあながち夢ではなくなりましたが、それはとりもなおさず、現在、日本で急速に高齢化が進み、介護が大きな問題になっているということです。

（一）高齢化社会のお葬式

一〇〇歳まで生きるということ

母の姉が今年一〇〇歳を迎えました。夫も子供もいない独居老人なので優先的に施設に入所でき、十五年ほどご厄介になっていました。

五年ほど前に骨折するまでは元気に歩いていた。その後は車いすとなり、すっかり元気がなくなってしまい、甥の私は判別するが、それ以外は芳しくない。

一〇〇歳を祝って、内閣総理大臣祝状と記念の銀杯・東京都の手工芸品が贈呈されました。敬老の日にはお祝いで市役所から贈呈にお二人見えてお祝いしてくれました。ところで、銀杯は純銀製で七六〇〇円するそうです。これは去年までの事で今年からは鍍金《めっき》に代わり三八〇〇円となるそうです。理由はというと、純銀製は溶かされて売られてしまうからだそうです。厚労省所管のお祝い事業で、昭和三十八年から始まりました。

初年度昭和三十八年には一〇〇歳のご長寿をお祝いした方は一五三名でしたが、平成二十七年度は三万人余りとなっているそうです。一〇〇歳までご存命な方は確実に増えています。

七六〇〇円の銀杯はお祝いを受ける老人数だけ必要だし、それを管理する厚労省の役人の人件費もかかる。国家予算はよほど余っているのかと思いきや、赤字だといいます。それにつけても行政官僚のなんと頭の固いことか。尚古主義の権化。先例踏襲。昭和三十八年から平成二十八年の今日まで、五十年間にわたり銀杯を贈呈している。私の伯母は喜ぶことはないだろう、何しろ認識できない状態だから。こんなことを先例踏襲で続けることの意味があるのでしょうか？　役人的には去年と同じことに予算をつけて粛々と実行するだけかもしれませんが、やめる決断はないのでしょうか？　始めたことが止められない悪しき官僚主義は予算の肥大化、戦線の拡大がもたらす補給の低下による全体戦力の低下となります。軍人の統率部門は陸軍大学、海軍大学を出たいわば高等文官の高級官僚でした。官僚の戦略のなさ、悪しき官僚主義で敗戦を迎えたわけです。先次大戦のひと言は生かされていません。

＊ひと言：福祉の拡充は期待されるが銀杯の配布は期待されない。あからさまに物申せば銀杯は福祉ではない。今時銀杯配布はまったくのナンセンス。

団塊の世代の高齢化

銀杯贈呈に見るように、一〇〇歳まで生きる人が着実に増えていますが、それはとりもなおさず高齢化が急速に進んでいるということです。

現在、団塊の世代が一斉に定年を迎えていますが、この背景には、昭和三十年代の農村漁村中山間地から三大都市圏への民族大移動という現象があります。

敗戦直後占領下の日本の三大都市圏人口は三〇%でしたが、六十年代以降都市へ集中するようになました。平成に入ると三大都市圏人口は五〇%になりました。都市への人口集中が日本の高度成長を支えてことは事実ですがその弊害は既に顕著になっています。

一つに農村漁村中山間地での過疎は周知の事実です。一つに都市部の住宅問題です。膨れ上がった移住人口の住宅問題解決策として昭和四十年代に夢のマイホーム、多摩ニュータウンなどの大規模開発が、山を削り地をならして作られました。

ちょうどこのころ移動した方々が都市部で高齢化を迎えているのです。三大都市圏への人口移動はまさに団塊の世代です。

農村、漁村、地方都市から都市の働き手として移住してきました。若年層は集団就職。大学就学者は故郷に帰ることなく、都市圏で職を得ました。

大手の会社は独身寮・結婚すれば家族寮を作ってひたすら働き手をかき集めました。

新しい人口の持ち家増進のため山を削り丘を均し大規模団地が作られました。多摩ニュータウン、千里ニュータウンなどです。

地方から流入した人口は会社という共同体社会に帰属していました。田舎の村共同体から離れて、新たにが会社共同体に置き換わったのです。昼ごはんも一緒、帰りには一杯やる。麻雀仲間でもある。忘年会、歓迎会、送別会は頻繁にあって、バスを仕立てて温泉にと社員旅行もあった。会社はリクレーションも用意してくれて、運動会もある。休日には会社の保養所に家族を連れてゆく。家族ぐるみで会社共同体の一員となってゆく。これが昔の会社員でした。しかし、定年を迎えると会社組織に帰属出来なくなり、孤立してしまいます。

定年退職と聞いて、卒業記念。若い頃よく飲んだ町で一杯やりました。「これが今生の別れだ」会社を卒業したばかりなのにおかしなことを言う奴だ。昔を懐かしんで飲んでいるのに。それからほどなくして、今後はお付き合いしませんという手紙が来ました。また、酒の上の間違いをしでかしたかと、反省の思いをめぐらしたのですが、思い当たる節はない。他の友人にも同様の手紙。絶縁状が来ていました。会社に関係するすべての交友を断ち切ってしまったのです。人とつながっていたいことが人生の基本と考える私には、驚愕的ことです。思い出すのは彼と過ごしたノンベの日々、奥さんたちを交えての初春の房総の旅。彼のことを思い出すたび鮮烈に思い起こします。

生きているのか死んでいるのかはわかりませんが。退職とともに人間関係を断ち切る壮絶な生き方を知りました。先輩から墓石を作ってくれと頼まれました。新潟出身で代々門徒。東京で浄土真宗のお寺を選んで入檀されました。

つまり檀家になったわけで、どなたのお骨もないのですが墓を作っておこうということになり、墓石を選んで立派なお墓ができました。家も寺も墓も「これで僕も東京人だ」新聞奨学生として大学に入り、事業に成功し家も買い寺にも入壇し墓もたてた。立派な東京人です。先輩の定義によれば、東京に家を持ち家族を作り墓がある。この三要素を満たして東京の人間となるのだそうです。東京生まれ、狭小な持ち家、大正以来の墓。生まれたときから東京人の私は感想を述べる余地はありません。

これが隣国に参りますと、都市戸籍は確定していて、農村戸籍の人は都市で働いていても永遠に都市戸籍を取得することができない。戸籍の差異は絶対的なそうなんです。そのへんのところは…………

＊ひと言：嗚呼、日本人でよかった。

（二）高齢化を支える医療制度

国民皆保険

こうした日本の高齢化を支えているのが、医療水準の高度化、介護の充実、何よりも国民皆保険です。同じことが他国で標準化しているとは思えません。米国は世界に冠たる大国であり先進国です、医療保険は除いての話ですが。救急車も有料、病院も高い、その場で現金かクレジット。医療保険に加入していれば八割くらい、あとから戻ってくる。その医療保険がとてつもなく高い。

医療保険のない人は、それこそ風邪を引いたくらいでは医者にかからない。薬局で売薬を買うこととなります。入院なんぞ恐ろしいくらい高い。アメリカの医師は、保険を持っていない以上、医療を受けつけないのです。先進医療を受けられるのはお金のある人だけ。これは誠に悲しいアメリカの現状のようです。

日本のお医者さんの午前中は高齢者ばかり、待っているだけで一時間は当たり前。日本の医療制度は先進的です。世界保健機関の平均寿命ランキングで当然日本は八十四歳で第一位。米国は七十九歳で三十四位に位置付けられています。医療先進国ドイツは八十一歳で二十位英国も同じ。福祉先進国として有名なスエーデンが八十二歳で九位に位置しています。

若い頃はあまり病気もしませんので、風邪をひいて熱が出て医者に行くくらいでしたが、加齢とともに歯医者から始まって内科、皮膚科と病院巡りをするようになります。日本の国民皆保険制度が、長寿と健康を支えています。親戚知人と四例の一〇〇歳を超えた方を見知っていますが、「寝たきり老人」がお二人、亡くなる当日まで継続して意識のあった方はお二人しか知らない。

急性期医療

毎日救急車は走っています。そうです。一一九番通報。救急病院に運んでくれます。更には救急救命病院もあります。この治療を急性期医療と云います。心臓が止まっていれば心臓マッサージとなります。胸骨を強制的に圧迫して心臓を動かす。高齢者を想定してください。手で押されてろっ骨が折れてしまいます。それでも心臓が復活すれば救急医療です。

緩和ケア

末期がんなど強烈な痛みが伴うときに緩和ケアという選択肢が提示されます。痛みにのたうち回って苦痛の中で死を迎えるより緩和ケアによる安らかな死を迎える選択はありです。義妹がこの選択でした。お骨を拾いましたが抗がん剤や放射線治療のためか、もろくなっていて無残でしたが、苦しみから解き放たれた死であったことは確かです。麻薬の投入による痛みの苦しみからの解き放ちであったとしても。

終末期医療

病院の五階の窓からは多摩丘陵が見渡せる。そこかしこにマンションが建ちその合間を住宅が埋めてはいるが、本来の丘陵の姿は重なりうねりそこにある。夕暮れ近い日の光が稜線に、高層住宅に、影を長く引いている。

四人部屋の病室は静かな寝息と、時折聞こえる言葉ともつかない声がするばかりだ。点滴スタンドが各ベッドに立ち、一つのベッドには心電図モニターが黒の画面に緑の折れ線と数字を刻んでいる。叔母は酸素マスクこそ外れたが、依然として意識はない。それでも大好きなみかんを鼻先に持って行けば匂いのするほうに首を傾ける。三週間前には危篤ですと告げられたが、ここまで元気になった。

この病院には義父もお世話になった。リハビリも充実している。いわゆる老人病院のジャンルに区分される。静かな時間が流れてゆく。

＊ひと言：「出来る限り積極的な生活を営み、自らの自立性を維持することができる」政策目標に掲げられていますが、これはかなり難しい。

お迎えが来る

夢の中でお母さんにあった人は多い。私も母・叔母と夢で逢う。声は聞こえない。霊感の強い方は会話もできるようで、夢枕に立つというらしい。心理学者の小難しい解説や、フロイト分析は不要です。むかしから聞き知ったことは学問に任せなくともあるのだから。

高齢の方はお迎えが来たといいます。車いすに座っているのにだれかとしゃべってい る。「お母さんと田舎の話をしていたの」私の伯母は六人兄弟、女は四人。老健入所時には下の妹は存命で、叔母を廊下の隅に連れていって携帯電話で妹と長話。行くたびにこれをしていました。

ある時、さっき電話で妹と話をしていたという。妹はすでに亡くなっていました。まだ、あの世との携帯通信は確立していない。痴呆といえばそれまでです。でも、素晴らしい心の安定がある。いつも田舎の話をしていました。二十歳から七十歳位の記憶は定かではなく、姉妹四人と田舎のことだけ。亡くなる一年前、母親が迎えに来たと話し始めました。

その時、いよいよだなと心を決めました。一〇〇歳と六ヶ月の長寿でした。最後の五年は車椅子でしたが、苦しむこともなく穏やかに旅立って参りました。棺には安倍内閣総理大臣の一〇〇歳長寿の祝い状をいれました。

「不健康な九年」をどう生きる?

春夏秋冬時の移ろいのままに人は年を重ね、次第に老いを迎える。生者必滅会者定離。生老病死の苦はこれを避けざる者なし。何やらお経の一節ですがこの世に生まれた限り、死は避けがたい。ざれ歌に、

「正月や冥土の旅の一里塚、めでたくもありめでたくもなし」

こうした人生行路において、高度医療の恩恵を被り、穏やかに死を迎えられればいいのですが、高齢化と共に長い介護生活を強いられる人も少なくありません。否、むしろ増加の一途をたどっていると言えます。

そういう背景もあって、「ピンピンコロリ」と死にたい思いは根強くあります。その願いが「ピンコロ地蔵」「ピンコロ寺」となって信仰を集めます。私の叔父も「ピンコロ」でした。朝になっても起きてこないので、起こしに行ったら亡くなっていました。友人も朝トイレで発見されました。もう死後硬直が始まっていたので、夜の早い段階で息絶えた

ことがうかがえます。

平成二十七年度厚労省資料によれば、平均余命は男八〇・七九歳、女八七・〇五歳、平均八三・七歳。健康寿命は男七一・一九歳、女七五・五六歳、単に引き算をすれば男女とも九年間は不健康寿命となる計算になります。叔父も友達も「ピンピンコロリ」でしたので、おむつも点滴も酸素呼吸も知らずに旅立ちました。介護される九年間はなかったのです。憧れのなくなり方です。この不健康な九年間をどう生きるかが問題なんです。早ければ五十歳代で痴呆は始まります。行政はその度合いを判定してくれます。介護認定1では施設に入所は不可能です。デイケアーのお迎えに来てくれますが、基本的に家族で面倒見なくてはいけません。人倫に基づく世代間扶助が基本です。この段階なら杖を突いたりして歩けますが、トイレは改造したり、二階まで階段で行くことは難しくなります。階段の電動リフトは車いすのまま二階まで運んでくれますが、工事込百万円位かかります。介護ベッドも二十万はします。

ハードウエアはお金の問題ですが、介護をするソフトウエア、人の問題が最重要です。核家族で娘・息子が別居なら、夫婦の老々介護となります。どちらかお一人が先に行けば残ったお一人はもう立ち行かなくなります。

日本の介護は人倫の前提に成り立っています。世代間扶助。親の面倒は子が見る。故郷を捨て、親を残し、都会に出てくれば、故郷の親の面倒は見ることができません。都会にあっても子は別所帯となり、老人は孤立化しています。介護三レベルに達すればたとえ家族が同居していても介護は難しい。

*ひと言：介護の果て、親子別居は、今後の大きな問題となる。

（三）日本の介護問題

世代間扶助が基本の日本

老いらくの恋ができるうちは十分元気。次第に体力は弱くなる。立ち上がれなくなる。杖なしでは歩けない。だんだん目が見えなくなってくる。こうなると、一人では外出もできなくなる。買い物にも行けない。

介添えなしでは生活が立ち行かなくなる。ありがたいのは長年連れ添った配偶者。介助してくれる。

杖を突いたお年寄りが介助用のカートを押しながらゆっくり進んでいる。お年寄りの友人も多いので、近所でお目にかかります。

よく見かけるほほえましい光景です。でもお二人とも、あとさきを別にすれば、立ち行かなくなる。

近くに住んでいればまだしも、核家族化で娘、息子は別の家庭を営んでいる。さらに追い打ちをかけるように、痴呆が始まる。今食べたばかりなのに、まだ食べていない。財布をとられた。息子も、娘も誰だかわからない。

こんな状態となれば介護施設で面倒を見てもらいたい。誰しもが思うことです。さて、これが大変なことなのです。

介護は認定があって、要介護の必要性に応じて老人介護施設に入ることができます。しかし、家庭内、家族がまず面倒を見ることが前提となっているのです。

世代間扶助です。

行政の運営している公営の老人施設は入居待ちの人数を聞いたらそれこそ卒倒してしまいます。なかなか順番は回ってきそうもないし、大体がして今現在困っている。さきのことより今です。元気なうちに入居の予約はできません。

この二十年以上、母、義理の祖母、義理の父、叔母、叔父と絶えることなく介護施設にお世話になってきました。

子供のいない叔母が一〇〇歳を迎え施設でお世話になっていました。介護の現場のご苦労は見知っています。

施設に入ってしまえば、今までの日常はすべて喪失してしまいます。大変なストレスです。

黙って現実を受け入れる方もいますが、職員に食ってかかる人はたくさんいます。来訪者である私に連れ出してほしいと懇願されることもたびたびあります。たいへん切ない思いです。

介護職員の待遇は若干改善されるようですが、これからも介護対象者が増えることを考えれば、現在でも慢性的に人不足です。心苦しい限りです。

＊ひと言：介護はＡＩ、ロボットでは出来ません。

（四）サザエさん一家に見る介護問題

ここで、日本の介護事情をサザエさん一家をとおして見てみましょう。

三世代同居

「サザエさん」の家は三世代同居ですが、原作は昭和二十年代の東京郊外、具体的には世田谷区辺りをモデルにしているといわれます。

原作者は大東亜戦争中、港区の麻布に住んでいました。江戸古地図によれば現在の麻布は武家地（武家屋敷）でした。

明治期には外国大使館、公使館が点在するようになりました。米軍は各国大使館への爆撃をためらい結果として無差別殺戮を間逃れました。

敗戦後、陸軍第一連隊（現在のミッドタウンから桧町公園まで）、第三連隊（現在の航空宇宙技術研究所から青山斎場前まで）に米兵がうじゃうじゃ進駐してきて六本木は進駐軍だらけとなりました。

占領下の日本に報道の自由はありませんでした。何しろ朝日新聞が進駐軍の命令で発売禁止になるってなもんです。

新聞には「大男が女性を強姦した」「色の黒い男が押し込み強盗に入った」という表現です。これが、講和条約締結までの六年十ヶ月に及びました。進駐軍は憲法を作るだけでなく、事前検閲、さらには輪転機まで止めさせたのです。

うら若き長谷川三姉妹は、こんな事情で、物騒な六本木を離れ、当時は別荘地や農地があった世田谷に移り住みました。

私の祖母は同じ町内会だったので長谷川姉妹のことは子供のころ話して聞かせてくれました。ちなみに、磯野家の名前ですが、同じ町内に磯野家という大邸宅がありました。池があって船が浮かんでいました。

丘の上に洋館があって、上品なおばあさまがいらっしゃいました。隣は有栖川宮記念公園です。その公園と同じくらいの広さがありました。

小学校でお孫さんと同級生だったのでよく邸宅の中で探検ごっこや、ザリガニ釣りやフナ釣り。

冬には氷の張った池の上でスケートのまねごとをして遊びました。おやつは丘の上の洋館で美味しいココアとビスケットをいただきました。昭和三十年代です。今思えば夢のような経験です。

今はツインタワーのマンションが建っています。磯野といえば、サザエさんか明治屋ですね。大邸宅は明治屋です。

長谷川姉妹がこの磯野家の名前を作中設定に使ったかどうかはわかりませんが、何かしら強い印象を与えた名前であろうことは推測できます。

波平さんとフネさんが同時介護になったら

磯野家の介護事情の推測です。波平さんとふねさんが同時に介護認定1レベルの痴呆となったと想定してみましょう。まず移動です。

平屋で廊下が回っているので日本間の外に手すりを付けるとすると、縁側の廊下がふさがれてします。トイレですが、磯野家の古さからして便所と呼ばれた時代の代物。昭和二十年代世田谷は和式の汲み取りであろうとおもいます。もうこれだけで駄目。

玄関の三和土《たたき》と上がり框《がまち》もずいぶん高さがありそうです。これはオブって出入りするしかない。義父の通院のため何回かこれは体験しました。

年を取って体は小さくなっていますが、それなりに重い。おぶることができればよいが、手を前から廻した介護姿勢で玄関か、廊下の縁側から出すしかない。

カツオ君では体力的に無理。マスオさんは職場に行っていて基本不在。サザエさんの腰痛が心配です。

介護者が身体不調となれば、介護には壊滅的打撃になります。後は頑張るしかない。しかし、精神論ではどうにもならないのがこれまた現実です。

三世代同居が珍しい今日、代表的な磯野家を考えても回答は芳しくありません。しかし、世代間扶助が原則であるので、デイケアは来てくれるがそれ以上はありません。

さらに介護認定が上がってくると、サザエさんは介護に専念することとなります。幼児のタラちゃんを抱えて、それも波平さん舟さんお二人をケアすることとなります。

さらにもう一段介護認定が上がると介護施設入所の資格になります。この時点で、介護が憎しみに変化する事例もあります。怖くて書けません。

介護施設入居か自宅介護か

さて、ご近所の介護施設に申し込みに参ります。「それは大変なご苦労ですね」と言われて申込書を置いてまいりますが、ひと月ふた月み月待てども暮らせども入所のご案内は参りません。いわんや、二人同時、同施設の入所待ちとなります。

それでは自宅で介護続行となります。

はっきり言ってバリアフリーという概念がない時代に建てた住宅での在宅介護はかなり大変です。お年寄りだけでなく、体の不自由な方もバリアフリー化したマンションをお勧めします。

廊下とトイレに手すりを廻す。段差がないので引っかかて転倒する危険は低くなる。デイケアーの車も車椅子搭載の大型バンで来てくれますので、車椅子もエレベーターに乗ってお宅まで動くことは簡単です。介護のために引っ越すことはありでしょう。

一戸建て住宅にも、マンションにもバリアフリー化は義務ではありません。あとは任意の選択になります。トイレを改造し廊下に手すりを付けただけでも、十万円単位でお金がかかります。

＊ひと言：世代間扶助を前提とした介護の在り方は人倫の基があるよいことだが、現実は難しい。今現在老いを迎えつつある高齢化社会でその基本を考え直すべき時が来ています。

（五）ドイツの介護事情

介護の担い手は？

ドイツ在住の日本人作家、川口マーン恵美さんによれば、ドイツの介護職員はほとんどが東欧出身の方だそうです。

ＥＵ域内は人の移動は自由だそうです。ドイツ人にとっては低い所得の介護は他国の人の就労場所になっています。

結果、費用も低減できるし外国就労者の雇用に役立っています。医師も東欧から大量に来ているようです。では、医療と介護の働き手が、ドイツに行ってしまえば彼らの故国、はどうなるのでしょうか？　大陸国家に国境がなくなると想像もできない恐ろしいことがあるのですね。

日本では東南アジアから看護師を導入しようとしましたが、言葉と文字の壁でうまくいっていません。しかし、ドイツの例を見るにつけても安易な外国人労働者の招聘は後日問題を起こします。ドイツが冷戦下東西に分裂していたころ、西ドイツは労働力不足に困っていました。

今日のドイツの抱える深刻な問題がそこに起きました。外国人労働者は母国から家族を呼び寄せトルコ移民社会を作ったのです。

ドイツ語が分からない子供が出現し、教育現場は混乱し、移民のための内国民同様の福祉が拡充され財政の圧迫を招きました。他のヨーロッパ諸国も移民問題を抱えています。

白人による世界支配はアジアはもとよりアフリカにおいても崩壊しました。日の没することない帝国は、本来の狭い土地に戻ったのです。植民地を失ったのです。

日本が敗戦という屈辱の末に生み出したのは、白色人種植民地支配からの亜細亜解放・世界解放という輝かしい戦果でした。植民地を失った代償として植民地世界から白人ではない人口が流入し、移民問題として結実したのです。

更に今日の移民問題はすべてのヨーロッパの問題に拡大しました。英国がブレグジットしたのも大きな要因は移民問題です。日本も戦後「在日」問題を抱えています。敗戦後の混乱期多数の人が逃れて来ましたが旧日本人として在留を認め今日に至っています。その数は二〇一五年で四十五万人に及んでいます。

初期の来日者は日本教育を受けてきたので言葉の壁もありませんでしたが、今後外国人労働者を受け入れるなら「在日」問題が参考事例となるでしょう。都市部の義務教育機関では外国人子弟の増加が顕著です。在日以外に外国人は増えているのです。安易な労働力移入は早計に決めるべきとは思いません。

介護の現場に人員が不足はしていますが、今のところ外国の方は見受けられません。ただし、在日の方は識別していませんが。
＊ひと言：介護要員としてのみ考えた移民は、大きな問題化する可能性も。ではどうするか？　その答えはまだ出ていません。

第五章　葬儀は国のかたちを映すもの

葬儀は、いろいろな意味で、その国の姿形映し出すものであり、人々の心の有り様、思想的背景とも無関係ではありません。主として日本と中国という二つの国から、その違いを探ると共に、日本的精神なるものを検証してみましょう。

（一）日本と中国の世界観の違い

孔子様は葬儀屋？

古代エジプトではミイラづくり、ピラミッドの建設と途轍もない国家事業の葬儀産業があったことはうかがい知ることができます。

では東アジアではどうだったのでしょうか。誰が葬儀屋を始めたかは歴史上判明していません。少なくとも、春秋時代の支那では葬儀業がありました。孟母三遷の教えを見れば明らかです。もっと具体的には孔子様です。約二五〇〇年前の人です。孔子様は葬儀屋です。

周礼、孔子の時代から三〇〇年ほど前の周公の礼法を至高のものとして、その周礼の採用を諸侯に説き、仕官を求め続けました。三〇〇年前の礼法を取り上げる諸侯はなく、孔子様はなくなりました。

今でいえば、三〇〇年前は、赤穂浪士討ち入りの時代くらいです。その時代の礼法 祖先祭りを平成の御代に説いて回っても誰も取り上げてはくれません。孔子様は失意の中で死に、語録としての論語が残っています。

儒教と易姓革命

東アジアは儒教文明圏だという珍妙な説があります。支那、朝鮮、越南(ベトナム)、本邦がその文明圏だという。

儒教世界はそのたぐい稀なる世界観が基盤です。天がすべてを定める。支配者は徳をもって天下を治める。徳が衰えたとき天は新たな支配者を定める。これを易姓革命といいます。

易姓革命には二種類あって、徳のある天子が新しい天子に位を禅譲するタイプ。徳の衰えた天子が新たに徳を備えた天子に滅ぼされる放伐。

天が支配する天下とは東西南北の四隅を野蛮人に囲まれていて、これを駆除してその天下を保つ。野蛮人が降伏すれば天下の秩序に組み入れる。これを朝貢といいます。易姓革命と朝貢が華夷秩序です。

その儒教世界を支える官僚制度が科挙という試験制度です。何年もかけて儒教の聖典四書五経を暗記し、回答分は八股文という面妖な書体で回答する。

日本も下級官吏登用にはるか昔の律令時代に導入しましたが、すぐに廃止してしまいました。朝鮮は合邦まで、ベトナムが最後に廃止しました。小ネタですが日本人で科挙に合格して高級官僚（安南節度使　民生長官・軍事長官）になったのが、阿倍仲麻呂です。

「天の原　ふりさけ見れば　春日なる　三笠の山に　出《い》でし月かも」

古今集に素晴らしい望郷歌を残しています。

すでに滅びし百済再興のため日本は唐と戦い白村江で敗れました。日本に亡命していた百済の王子の要請でした。

百済では内紛が起こり国内勢力は四分五裂状態。そもそも百済の王子も逃亡してしまいました。結局新羅が支那の後ろ盾を得て、三韓を統一。それ以来朝鮮は歴代支那の王朝の家臣。支那に事大する属国です。朝鮮では内部で混乱が生じるたびに、外国勢力を引き入れた側が勝ってきた歴史があります。今日被害者を自称していますが、近隣諸国にとっては「韓民族こそ歴史の加害者である」畏友石平先生は本まで出版しています。

習近平がトランプに朝鮮はかつて（今も？）中国の一部だったと言いました。歴史認識はここだけは正しい。白村江の戦で日本が朝鮮に送った兵は四万人とも言います。

今でいえば、満州国再興のため満州に軍を出すようなものです。白村江が六六三年、阿倍仲麻呂が第九次遣唐使船で入唐したのが七一七年。

唐王朝は五十年前に戦った外国人に大臣級の職を任せる開かれた王朝で、日本人もどんどん使う。安禄山はソグド人、征服した漢人を使うより外人を重用した。

大体がして遊牧民の鮮卑族が建てた王朝だから、統治のために儒教は使うが、儒教道徳なんてものは眼中にない。息子の嫁、楊貴妃を自分の愛人にするくらいへいちゃら。日本人は白楽天や王維の漢詩を素晴らしいものとして高校の漢文（漢とは関係ないのに漢文もちゃんちゃらものだが）で学ぶものだから、目が曇って支那に隷属したがりたがる連中が排出する。

そんな連中は、阿倍仲麻呂を見習って支那にわたり官僚になればよい。今日科挙はないけれど、共産党宣言でもマルクスでも毛語録でも暗唱すればよい。

日本には儒教が入り込む余地はない

万世一系の天皇をいただく本邦には易姓革命はありません。儒教の入り込む余地がないのです。

天と何か？　人知を超えた力が仮想されている。私たちの使う「お天道様」は道徳としての人の道をいうが、例えば「お天道さまが見ている」「天に唾する」などと使います。西郷南洲は「敬天愛人」を主張しました。日本人は納得するが、支那人には理解不能でしょう。日本人には支那の「天」はわからない。天が支配する儒教社会は漢の時代から二〇〇〇年にも及んで支那を支配している。中国二〇〇〇年の儒教の災い。黄文雄先生は

〝儒禍〟と喝破した。

「儒教思想の尚古主義は、中国人の進取精神をなえさせ、徳治主義を掲げることによって法治の社会秩序を乱してきた。この超保守的な思想を国教としたがために、すべての社会改革を骨抜きにされ、なんらの創造性も現実性もない「超安定社会」を築き上げた。中国社会は、儒教にまんまと窒息させられ、文明の仮死状態に追い込まれたのである」と。

日出ずる処の天子、書を日没する処の天子に致す。恙無しや、云々」

遣隋使小野妹子に日本の国書を持たせたのは聖徳太子です。華夷秩序からの離脱を高々と宣言したのです。そして華夷秩序は今から一二〇年前日清戦争の結果として、もろくも消え去りました。東戎である日本に敗れ、賠償金まで払ったのです。辛亥革命で清は中華民国に政権を禅譲したはずです。

では、北京が首都にならずなぜに南京が首都だったのでしょう。国を名乗っていても抑えているのは南部だけ、国家になっていない。さらに昭和十二年その首都である南京を日本によって落とされました。首都が陥落すれば敗戦です。奥地の重慶に逃れたのは亡命政権です。

＊ひと言：儒は禍いでしかない。

現在の中国は「強欲資本主義的独裁社会」？

十年ほど前、経営に関係している会社が支那で部品を作ろうと思って、上海を中心に視察ツアーに参加しました。

たまたま友達の経営する工場が蘇州にあるので、現地のコーディネーターに頼んで友達の経営する日系工場も視察に入れました。

上海から高速道路で一時間くらいのところです。彼の工場は親会社が支那で生産を開始するので、それに合わせて協力工場として進出したのです。彼の方針は、日系企業としか商売をしない。支那の現地法人とはバンス（前払い）でしか商売しない。お分かりですね。酷い目に遭っているのです。工場は日本の水準ではゆったりと出来ていました。社長室は（現地では総経理室というのだそうですが）、広いけれども日本の中小企業にありそうな普通の社長室でした。

今回の視察ツアーをコーディネイトした支那ツアーガイドは、狭い工場だし社長室もみすぼらしいと評しました。

彼が連れて行った現地資本の工場は、溶接工場でした。中学校の体育館位の広さに、二十頓のホイストクレーンが走り、自動電気溶接機がありました。大変立派な工場です。気になったのは、広々した工場の十分の一くらいしか利用していなくて、いわばスカスカ。自動溶接機がバチバチ音を立てて作業をしています。でも一台しかない。社長室は別な建物で、じゅうたんを引き詰め唐木の大きな社長机。応接セットは革張りの重厚なもの。煙草盆には超高級煙草の紅旗。この煙草は一箱一五〇〇円一本七〇円もする。うまいタバコです。他の工場も同じでした。まず、箱がでかい。稼働は少ない。社長室は超立派。支那は広いからこのようになるんでしょう、きっと。

蘇州にも参りました。「水の蘇州」歌に名高い観光名所だったところです。今は「どぶの蘇州」です。運河は悪臭を放って、よどんだ水が溜まっています。

夢に見た「蘇州」はカラオケが良い。映像だけで匂いがないから。南京も参りました。ツアーガイドがツアーに組み込んでいました。例の博物館。気持ちが悪いので入館拒否。ガイドが文句を言うので言い返しました。

「昭和十二年に来たんだ。五年待ってろ。兵隊集めてもう一度攻め滅ぼしてやる」

ガイドは天を仰いで絶句。そして握手攻め。こんな痛快な日本人は初めて会った、と。上海に戻ってカラオケの夜が始まります。大日章旗をスクリーンに映しだして愛国行進曲。

はて、支那のカラオケに軍歌がある？　カラオケチェーンの会社で経理をしたことがあるので映像と演奏から、第一興商のちょっと古いディスクカラオケであることはわかりました。なるほど軍歌が入っているわけです。

でも、入力したら直ちに始まる。オートチェンジャーでデスクを探しているタイムラグがない。なんと第一興商のディスクをすべてHDに取り込みPCで動かしている。さすが、著作権概念の存在しない国は素晴らしい。日本でこれをやったら、罰金では済まないどころか、訴追され著作権法違反で刑法犯罪となり、間違いなく逮捕されてしまいます。

お土産にロ－レックスを買ってきました。たいへん素敵なデザインなのですが、本家が作っていない時計でした。偽とは言い切れませんネ。

中華の夢はとっくの昔についえているのに、夢を見ている人はいるようです。同文同種。大体が漢字を使っているのは日本と台湾だけ。朝鮮は漢字を捨ててしまいました。儒教世界。これはかの国の夢想・妄想に過ぎない。孔子学院なるものを世界中に作る？　大体がマルクス教である共産党が儒教を世界に広める？　論理の始まりも帰結も分かりません。

中華世界の歴史は殺戮と虐殺の血塗られた歴史そのものです。そして、周辺の騎馬民族に征服され、それを倒しの繰り返しで、連続性もなければ一体性もない。漢人最後の王朝は明です。明朝は兄弟同士喧嘩して殺しあい、友達は利用するだけ利用してあとは殺せ。これが明朝の成立過程です。

かくて天命は明に下り明朝ができました。そして満州の女真族によって明は滅ぼされ清王朝に天命が下った。もっとも明滅亡の最大の功労者は豊臣秀吉でしょう。秀吉の朝鮮征伐では李氏朝鮮は歯が立たず、宗主国の明が出てきました。明は多大な戦費と兵員を朝鮮で失い、満州族に対抗する力を喪失してゆきます。秀吉がさらに長命であれば明は滅び、秀吉が皇帝になっていたかもしれません。外国人の皇帝はかの国では当たり前ですから。支那を時間軸で貫く一貫性があるとすれば儒教を受容して、科挙による官僚を作ったくらい。まさに儒教国家はこんなもんです。

今日の共産党支那を宮崎正弘先生は「中国は表看板が「社会主義」、実体は「強欲資本主義的独裁社会」である。」と論破しています。

＊ひと言：儒教ではない当然の人倫は世界を規制しています。親を大切に、兄弟仲良く、友達付き合いを大切に。何も孔子様に言われなくても当然の話です。こんなことは儒教でもなく、人倫の問題です。親孝行は世界的普遍性を備えた道徳です。

（二）日本人の信仰心をつくったもの

ペットと一緒のお墓に入れる

次郎は偉かった。「ハンセイ」だけなら猿でもできる。「ハンセイ猿の次郎」は、奈良時代からある「猿回し」の伝統芸を見事に復活させました。

犬も猫もそうですが人間より寿命は短い。「ハンセイ猿の次郎」は十八歳で死にました。有名なお猿でしたのでニュースになりました。各局が中継こそしないまでも夕方・夜のニュースで流しました。立派な葬儀だったようです。戒名もついてお坊様が読経する映像が流れました。

待てよ！　聞いたことのある声。テレビに映った後姿はどう見ても知り合いのお坊様。お猿の葬儀をしてはいけないわけではないけれど、六道輪廻の畜生界にお猿はいるわけで、人と同じように「法名」までつけて極楽浄土に送るのだろうか。倶会一処、犬も猫も家族になっている今日だが、極楽は一緒に行けるところなのか？　墓地埋葬に関する法律で人の埋葬は大変厳しく規制されていて、墓地に埋葬するにも埋葬許可書が必要です。犬猫の遺骨は人ではないので対象外。最近はお寺の墓地にペットのお骨を一緒に埋葬することを可能にしている寺院も出現しました。

「ハンセイ猿の次郎」の供養は何ら違和感はない、仏教との矛盾は少し残りますが。

葬儀屋を営んでいますが、犬・猫の葬儀はしません。それなりの業者はほかにいるのだろうし、ペットの霊園もあります。昔住んでいた隣のお宅は立派なお庭のある家でした。犬と猫を庭に埋葬して石を置いていた。人間ではないので、墓地埋葬に関する法律の適用外だから自分の土地に埋葬することは問題ない。金魚や小鳥を埋めることと差はない。隣のおばさんと立ち話をしていて埋葬のことを知り、我が家にもよく遊びに来た猫ちゃんだったので何の違和感もなく私もお参りして心経をあげました。

我々日本人は犬を食べ物として屠殺調理する習慣はありません。縄文遺跡からも丁寧に埋葬された犬が出土し、はるか昔から犬が我々日本人とともに生活していたことはうかがい知ることができます。

絶え間ない時間の経過が骨だけにしています。ただ一つ、毛皮はたいへん丈夫だということ。何かで庭を掘るときにはそれなりの覚悟がいることを知っておくべきではないかと思います。

＊ひと言：日本では、縄文の遺跡から丁寧に埋葬された犬が出土しています。このことから日本人は犬を共に生活する仲間として処遇してきたことが分かります。

日本人は感謝で供養を表す

日本人は感謝を供養という表現で実現します。靖國神社には軍馬、軍用犬やさらには伝書鳩の追悼碑があります。馬は貴重な運搬力で、それこそ日清戦争、日露戦争の昔から私たちは馬とともに戦地に参りました。

男子は二十歳で徴兵検査を受け、お召しによって兵隊となりました。馬もお召しを受けて出征いたします。兵隊さんと同じ様に日の丸の小旗と「万歳」の波で応召いたします。母の実家の馬もお召しを受け出征いたしました。前夜、好物の人参やら角砂糖やらを与えましたが、馬は「ポロポロ」と泣いたそうです。出征兵士は除隊すれば帰ってきますが、馬は……。タイ北部・ビルマ国境に軍馬の慰霊碑があります。

インパール戦線で亡くなった皇軍兵士は三十万人ともいわれます。戦後戦友会が慰霊碑を数多く建立しました。広島から出征した大尉さん（獣医）が呼び集めて軍馬慰霊碑を建てました。私たちも香華を捧げご供養申し上げました。今は現地タイ国の人々がお守りくださっています。馬・犬は生き物ですが、包丁・針・ハサミは生物ではなく道具です。私たちは生き物のみならず、針供養・包丁供養と数々の供養をします。ここに日本人の連綿と続く精神性を垣間見ることができます。すべてのものには魂（タマ）が宿る。万物にマナが宿ると感じる。二本の鉄で布が切れ、金属の針金で布地を縫うことができる。不思議と感ずればそこに神秘があり霊力がみなぎる。

供養によってそのマナを鎮めマナの霊力を自らのものとする。こんな精神性が宿っています。

＊ひと言：やまとは言霊のさきわう国、言葉自体に霊力を観じてきた私たちの精神性の連続の上に供養という表現が出来上がったものです。万葉集は国にみちみつるマナを文字に集めたものとも言えます。学者ならざるものがたいそうなことを申し上げますが、折口信夫以来研究は続いています。

日本人には宗教心がないか？

毎年初詣に参ります。全国一番の参拝者が集うのが明治神宮、原宿の駅から拝殿まで人の波、全国二番は川崎大師でやはり駅から本堂まで行列になります。

どちらも三〇〇万人もの方が参拝に参ります。全国十番目までの社寺の参拝者は三〇〇〇万人。それ以外の社寺を合計すれば、全人口は上回る方が参拝しているでしょう。また、春秋の彼岸、夏のお盆。墓参に参りますが先を競うように供養の花、香華が捧げられています。お盆には田舎に里帰りして、先祖の墓に手を合わす。日本人に宗教心はないのでしょうか？

宗教心がない事を無神論（神も仏もいない）と考えれば、初詣も彼岸も里帰りも単なる季節の風物詩と思えます。

一方、「神」をキリストにすれば日本のキリスト教人口は一％しかない。残りの九九％は「神」を信じない無神論者という論理も成り立つこととなります。

「神」と呼ぶときそれは超絶した、そこかしこに遍在するものではなく唯一無二の存在、他界の存在と認識され「ＧＯＤ」なのです。「ＧＯＤ」を信ずる方々からすれば、神は一柱だけで、八百万も神はいない。日本人は野蛮な異教徒だとなる。しかしながら、明治の内村鑑三以降日本のキリスト者は、変容を遂げ日本に根付いています。黒人奴隷を平気で持ち込んだイエズス会から四〇〇年確実に日本のキリスト教は変化しているようです。葬儀の大部分は仏式、たまに神葬祭があり、もっと稀にキリスト教がある、これが実感です。これからすると日本人の大部分は仏教徒ということも言える。

日本人は仏教の徒か、神道の徒か？

では、仏教徒かと問えば？明確に自分の宗旨を返答できる日本人は少ないでしょうし、お経を唱えかつ理解している人はもっと少ないでしょう。奈良時代以来の伝統仏教十三宗に加えて、明治以降の新宗教もあります。仏教の提要は六道輪廻の因縁から解脱し涅槃寂静の仏の道に入ること。来世に餓鬼道に落ちる。畜生に生まれ変わる。われわれは六道輪廻を信じていないから輪廻の恐れを抱いてはいません。これが日本の仏教です。

神社はそれぞれにご祭神があります。もちろん分社された神社も多いので神社の数だけ神様がいるわけではありません。それでもたくさんの神様が祭られている。家庭の神棚は天照大神を真ん中にして、産土の神、我が家は明治様を祭っている。お勝手には火の用心の神をまつったり、玄関には魔よけの神をまつったり。それこそ八百万の神が祭られている。

では、日本人は神道の信者かと問えば？二礼二拍手一拝の神社拝礼はどの日本人も知っているが、その意味となると答えに窮することになる。大体にして神道に経典・教義はない。人は亡くなれば霊となりその霊は祖霊といふ大きな存在に合一し、個別の人格はなくなるもの解される。靖国は大きなお盆の上に、たくさんの神様が乗った集合体です。そこから、集合体となった神様を個別に分離できません。分祀論が意味を持たない理由となります。

神は、敬い・恐れるものです。恐怖の恐れではなく、畏敬の恐れです。雷様、お天道様、水神様。様々な自然現象を神とあがめ、おそれ敬います。大木にも神は宿り、石にも神は宿ります。さらに人が神となった神社はたくさんあります。天神様。菅原道真です。学問の神として尊崇を受けていますが、平安時代、道真の怨霊を恐れ神として祀ったのが始まりです。

祟りがあるなら、手厚く神として祀りもてなそう、という発想です。神として祀り、道真公の霊力をうちに取り込む。これが日本です。

＊ひと言：日本人が何宗なのかとの問いに答えるとすれば、日本教としか答えられないのではないでしょうか。

行き着いた人口の一極集中

日本の総人口は一億二千七百万人。東京都の人口は一千三百万人約一一％が東京に集中しています。私の住む大田区は東京都で三番目に人口が多くて七十二万人が住んでいる。鳥取県・島根県より多くて高知県人口とほぼ同じ。多いから自慢したいのではありません。多すぎて困るのです。

人口集中の始まった昭和三十年には日本の総人口は約九千万人、東京は八百万人で一〇％以下でしょうか。ちなみに大田区は五十六万人。法の前での平等、一票の重さは何倍まで許せられれのか。

選挙が終わるたびに一票の格差があるので訴訟が提起されます。衆議院選挙で大田区は二つの選挙区に分割されています。それなら、人権に厳しい朝日新聞主催の高校野球甲子園には、大田区内から一校は出すべきでしょう。鳥取・島根県より人口は多いし、高知県とほぼ同じ人口なんだから。

これが実現しないのは、人権に対する配慮が有り余っている朝日新聞のことですから、別の理由があるはずです。きっと、大田区内よりそれらの県のほうが朝日新聞がたくさん売れているのでしょう。人権よりも株式会社の利益が大事ですから。

人口が多いことは、それだけ地方自治体も裕福に予算を持っています。職員も数多い。手厚いといえば手厚い。しかし、役人は前例踏襲と予算獲得という特殊な動向で動くもの。区民からすれば、余計なお世話、不必要な事業を作りたがるものです。

尖閣列島に攻め込んできたことが勇敢なる海上保安官に暴露されたまさにその最中、日中友好で大連に出かける神経は、とても理解できない。

区長が左翼なのでしょうか。自民党の都会議員出身、もっとも国会議員秘書時代はかの有名な日中友好の権化みたいなミノファーゲン先生の秘書さんでしたから不思議はないか。

「そもそも、日本の自治体が張り巡らす『海外の姉妹都市』とは、首長と公務員、自治体議員らの『公費による海外旅行』の手段に他ならない。」

と、室谷克己先生は指摘しています。大田区は大連市、北京市朝陽区、米国セーラム市と姉妹都市となっています。

大田区の歌を作ってくれたけれど、聞いたが覚えていない。全国見回しても有名なのは

「信濃の国」くらいで、大田区の歌が全国区になることはなさそうだ。

ゆるキャラもちゃんと作ったようだ。くまモンにははるかに及ばないが。

全国の自治体が競うレースみたいなものだから参加している。なぜ全国共通の自治体の競い合いに参加しなければならないのか？　それも予算を使って。独自の魅力を発信できないから流行に乗ろうとする魂胆が丸見え！　これ自体が無意味でしょう。

主権回復、占領が終わったあと日本は再度独立（？）しました。全国民はお祝いの桜を国中に植えました。江戸以来の桜の名所、上野公園や飛鳥山公園のみならず、そこら中に独立記念桜はあります。大田区ガス橋にも講和を記念して桜の立派な並木があります。

毎年桜祭りが行われますが、桜並木から一キロも離れた桜の木の一本もないところで桜祭りが行われます。形式は町会連合の主催ですが、実質は行政です。桜のないところで桜祭りを挙行する。大田区にとっては地域おこし、街づくりかもしれないが、これは桜のない「偽桜祭り」！

そろそろこの「偽」が分かってきて、地域の事業所がそっぽ向く気配が出てきた。事業所の協賛金は社内で稟議にかかる。

桜のない「桜祭り」では稟議が決済できないではないですか。サラリーマンは全国を転勤して回っている。大田区出身ではない上司から質問されたら答えに窮することになる。稟議の理由がすでに存在しない、「偽桜祭り」では。

生まれてからずっと東京都民ですが、残念ながら東京都の歌は知りません、東京音頭ではなさそうだが。予算があれば前年と同じに使う。新しい事業を見つけて予算をつける。行政の肥大化は、官僚国家の始まり。少しは小さい政府を目指したらどうか？島根県、鳥取県以上高知県と同人口の大田区はどのように小さな行政ができるのか。地方自治体として初めて破たんした夕張に学んで給与・人員のカット、余計な補助金の削減など色々手はあるでしょう。

人口の多さに依存した自治体の運営は破たんの予兆を予感します。一〇〇歳お祝いの銀杯配布が福祉でないように、「福祉だ」「町おこしだ！」これに名を借りた冗費が多いのも削減対象です。例えば防犯カメラを設置すれば助成金の対象ですが、警察の能力が向上すれば済むことではないでしょうか。今でも警察は忙しくて、器物損壊事件でＨＤから映像資料を提出していますが、三ヶ月たっても犯人を特定できない。

この防犯システムには四〇〇〇万円かかっている。これでは犯人捜査には協力できないではないか？　さらに今回外部の道路を撮影するためにカメラを八台増設するといいますが、三〇〇万円かかります。大部分、具体的には十二分の十一が補助金で賄うことができます。出しすぎだろう。はっきり言って無駄！支那の戸籍制度を導入すれば大田区の人口は半減するでしょうが、無法地帯となってしまうから、これも困る。小さな行政が持続可能な地方自治体の基本のはずです。

＊ひと言：自治体行政はおかしな予算を組む。

日本人に流れる縄文からの時間軸

寒くなると鍋料理です。水炊き、すき焼き、しゃぶしゃぶ、ドジョウ鍋、ボタン鍋、寄せ鍋と数限りなく鍋料理はあります。秋以降、鍋は多種多様に全国で売れます。各家庭に必ずあるでしょう。一つ二つどころか、今数えたら我が家には五個ありました。基本は土鍋です。これさえあれば、なんでも料理できる優れものです。鍋料理の起源はというと。すき焼きは明治以降、しゃぶしゃぶは昭和以降であることはわかっています。それ以外わからない。

日本に鍋が現れるのは、一万六千年前。縄文土器として出土します。中学の教科書で習った世界四大文明は五千年くらい前ですから、もっと古い。世界最古の文明です。三内丸山遺跡をはじめとして、日本中から縄文遺跡は発掘され続けています。北海道から沖縄まで遺跡は分布しています。

各地の教育委員会が多種多様な博物館を作り展示しています。土偶は国宝指定されているものもたくさんあります。明治の初め大森の貝塚が発見されました。従来はゴミ捨て場？　位に思われていたようですが、最新の研究成果は宗教的遺構との説が有力です。貝塚からは、浅利、シジミ、蛤の貝類はもとよりタイ、ヒラメ、マグロ、ブリ、カツオなどの多様な魚類、クジラの骨まででます。イノシシ、鹿、栗、どんぐりそれこそ縄文グルメのオンパレードです。そして土器。私たちの大好きな鍋は縄文以来日本人の大好物なのです。最新のＤＮＡ解析により、私たちは縄文人の末裔であることはわかってきました。

騎馬民族征服王朝説というのがありました。江上波夫なる東大名誉教授が敗戦後唱えた説で、朝鮮半島から馬に乗った渡来人が来て大和朝廷を作ったというものでした。

大ブームを巻き起こし新書にまでなった本でしたが、今日に至るも何の学問的裏付けもなく、対馬海峡の波に大好きなお馬さんとともに沈んでしまったようです。縄文、弥生、古墳時代は重層的に連続していて、侵略、征服、簒奪などの破壊がなかったことは定説となっています。してみると、縄文以来一万六千年の時間軸が浮かんできます。この悠久の時間の流れの中に私たち日本人はいるのです。明治以降一五〇年も縄文時間軸の中では一五秒でしかありません。仏教が伝来したのは五三八年ですからおよそ一五〇〇年。縄文時計では十分しかたっていないのです。

＊ひと言：日本は、未開の人が宗教を受け入れたわけではありません。縄文以来の何かしらの宗教感と仏教が出合い日本仏教へと変容を遂げたと考えるのが自然でしょう。

(三) 仏教との付き合い方

仏教の伝来

仏教伝来は五三八年、第二十九代欽明天皇の御代、百済聖明王からの献上品の中にあったことは知られています。

当時の東アジア情勢はというと、中国大陸は国家が並立して覇を競う南北朝時代、朝鮮は三韓時代、大陸の西端は東ローマ帝国の時代、モハメッドの生まれる前、こんな景色が見えてきます。はるかに先行する縄文の美はというと、土偶に、漆、糸魚川のヒスイ。当然ながらすべて国産。続く弥生、古墳時代は、青銅の剣、銅鐸、銅鏡。景初四年の年号が論争になる三角縁神獣鏡は国産か輸入品か、決着はまだ見ません。発掘品は二〇〇〇年の時代を経ていて歴史的価値があります。複製品は数多く作られています。見れば、キンキラ。緑の田や、林の中に置けばその威力は絶大なものだったでしょう。

献上された仏像は金銅仏、キンキラ・バリバリの仏様だった。日本書紀に曰く、

「西の国から献上された仏像の荘厳さはこれまで見たこともないものだ。」

献上された仏は外国の神として、祭られました。新しく外国の神を見つけたのです。聖徳太子は隋に国書を送り、対等な国家であることを宣言し、同時に四天王寺を建立しました。今から一四〇〇年も前のことです。

今日まで幾多の災害を乗り越え、また米国の無差別爆撃という殺戮を超えて、寺は生まれ変わりして伽藍を保っています。聖徳太子が何をご本尊とし、どんなお経を唱えていた

かはわかりませんが、四天王は仏教を守護する東西南北の天部の仏であることから転じて、聖徳太子への信仰に根差した庶民信仰の寺で、どの宗派にも属さない単立のお寺です。

また、建立《こんりゅう》にかかわった大工集団、金剛組は今日も続いていて、世界最古の会社です。お寺は信仰に支えられます。その信仰の上に連綿と続くわけで、修繕、改修、寺院建立を担う会社が寺とともに一四〇〇年続くことは稀なことです。

世界を見渡せばピラミッド建設の会社もないし、アメン信仰アクエンアテン信仰も途絶えています。森の中に打ち捨てられていたアンコールワットも一九世紀に発見されましたが、その信仰は絶え、石の積み重ねが現存するのみです。長江文明、黄河文明、遼河文明も漢字の起源である甲骨文字を土中の遺物として残し消え失せました。

有体に申し上げるならば、遺跡は人間の生きざまの結実した排せつ物のミイラ化したものです。文化財ではあっても文化ではない。文化という連続性に担保されない限り生きた信仰施設ではありません。

べつな切り口でみてみましょう。漢字と称する支那文字は「漢委奴国王印」およそ紀元一世紀。稲荷山鉄剣およそ五世紀頃か。日本最初の書物は古事記、日本書紀がいずれも八世紀。万葉集も八世紀。

してみると、漢字なるものを使ってすでに万葉仮名を編み出していた。さらにひらがなを創出して日本の文字世界は格段の広がりを持つこととなります。あまつさえ、支那の縦書き文章に、返り点、レ点などを付すことで日本語として訓読できることになったのです。高校の漢文の授業で習いますが、それなりに意味が通じるようになる。文法の異なる他国の言語を日本語に転換するスーパー翻訳機能です。

更に明治以降、ヨーロッパ言語を漢字に充ててゆきます。民主主義、野球、哲学、数え上げたらきりがないほどの和製漢語が創作され定着しています。これがないと文章すら書けないほどの必需品になっています。外国の概念を見事に日本化してきた歴史があるのです。

ひと言：ちなみに支那の正式国名は、中華人民共和國というのだそうです。ここにも和製漢語によって成立しています。

金の輸出とお経の輸入

奈良時代となると大仏が建立されます。大仏は戦火で二度焼け落ちますが再建されました。今日の大仏は第四五代聖武天皇の発願の大仏とほぼ同じ大きさで、江戸時代に再建されたものです。

約一三〇〇年前のことです。大仏建立自体が東亜における大事業ですが、もう一つの重大なことが起きました。

『海ゆかば』（信時潔作曲）の作詞者の大友家持は、

「すめろきの御代栄えむと東なる陸奥山に金（くがね）花咲く」

と万葉集に残しています。

奥州から砂金が献上されたのです。金ははるかなる昔から現代にいたるまで貴重な金属です。銅、青銅は時間とともにさびてまいりますが、金を使えばその輝きを保ちます。当然ながらその経済価値は莫大なものです。

それまでは金は輸入する超高級品。以降は輸出する主要産品となります。奥州かね売り吉次の名は唐で有名となりました。

貿易は交換可能な輸出品があって輸入が成り立つものです。輸出する品物のなかった英国はアヘンを輸出して支那の絹織物を輸入しました。あまつさえ、麻薬を支那の官憲に没収され焼却処分されると戦争を仕掛け領土まで奪ってゆきました。

稲わら（日本では輸入禁止）、松茸（支那産と偽装して入ってきている可能性があります）、セメント骨材の砂利（誰かさんの利権になってますが）しか輸出産品のない北朝鮮は覚せい剤と偽札（一万円札の偽物を作る技術はなさそうだが）を輸出して外貨を稼いで原爆、ミサイルを作って世界中を恫喝しています。もっともそれ以前にパチンコで稼いだ銭を、つまり日本人から収奪した富を朝鮮に還元しているわけで、これも風営法と警察のパチンコ利権によって国富が朝鮮に送られたわけです。かつ、朝鮮系信用組合の破たんで国費をつぎ込み、結果として中野坂上の整理回収機構は朝鮮総連本部を競売にかけたのです。早期の破産申請が待たれます。フリードマンのノーベル賞を拡大解釈すれば、日本は輸出という「経済的自由」を手にして、支那からの「政治的自由」を確実なものとした。とも言えるのではないでしょうか？

＊ひと言：なにはともあれ、日本は金を輸出して坊さん、工芸品、お経と数々輸入しました。略奪、収奪ではなく輸入という等価交換貿易の結果が、正倉院御物として今日伝わっています。平和国家日本ここにありと申せましょう。

空海の密教世界とは

空海は遣唐使船に乗り唐にわたります。西暦八〇四年一三〇〇年ほど前のことです。空海は唐にわたって二年目には恵果から密教のすべてを受けます。恵果はそれまで二系統あった密教を統合した人物で、すべてを受けた空海は密教の教祖になった訳です。支那の仏教の教祖が日本人で、かつまた日本に帰ってしまった。仏教伝来一五〇〇年の歴史のなかでも、これはびっくり仰天なことです。

それでは日本の神様と空海密教世界を見てみましょう。空海は入唐以前に三教指帰を著しました。儒家、道教、仏教の三人の人物にその優劣を語らせる戯曲仕立ての評論です。漢文それも四六騈儷体で書かれています。

空海はもともと、都の大学で儒家思想を学ぶ官吏でした。それを退学して山林修行者として仏教を目指した人物でしたので、深い教養と並々ならぬ漢文力があったのです。これは遣唐使船に乗った後、図らずも福州赤岸鎮で実証されます。

三教指帰の内容となると、儒家の亀毛先生が儒教道徳を説く、次に虚亡隠士が道教の教える様々な体術、薬品をもって不老長生を説く、最後に仮名乞児が仏教の提要である菩提心、涅槃寂静を説き皆が帰依するという仏教の優位を説く著作として今日に伝わっています。

ここには日本の神は出てまいりません。空海は日本の神を無視したのでしょうか？　空海の開いた密教の総本山、高野山には壇上伽藍と呼ばれる寺院配置があります。根本大塔を中心にたくさんの伽藍があります。その一部に神社があります。

朱の鳥居が立ち、その奥が神社です。高野山は八つの峰々に囲まれた八葉蓮華の世界です。その高野山の地主神が丹生都比売。そのお使いが狩場明神です。空海は丹生都比売から神域を頂戴し、高野山を開いたのです。当然、お祭りしています。同じことが、朝廷より賜った京都の教王護国寺、五重塔が美しい東寺にも表れています。

東寺の敷地の奥にひっそりと八幡神社がまつられています。特別拝観がかなって参拝しましたが、ご神体（御鏡）の前には密教の護摩壇がしつらえてあります。東寺に神主さんはいません。八幡神社は密教で荘厳されます。中野和順師が護摩供養にあたります。不動明王の真言を唱え続け、護摩供養を続けます。まつげが焦げるほどの炎と聞きました。

日本の神は対立概念とは認識されていません。それどころかお祭りする神なのです。

空海は仏教教説（涅槃経）から山川草木悉皆成仏を日本にもたらしました。草や木も成仏するという考えに立ちます。いわんや、日本の八百万の神との競合はありません。

天台宗はさらに進んで山川草木国土悉皆成仏と説きました。国土も成仏するのです。鎌倉仏教は天台宗を揺籃として生まれました。

法然、日蓮、親鸞、道元、栄西と今日の伝統仏教はそろい踏みとなります。鎌倉仏教も山川草木国土悉皆成仏。鎌倉仏教以後、日本中が仏教徒になったようにも見えます。

キリスト教の伝来

種子島に鉄砲が伝わるのとほぼ同時期にザビエルが来日し布教を始めました。一五四九年のことです。カソリック教会です。マルチンルターの宗教改革によってプロテスタントが台頭しました。それまで免罪符を売ってしこたま稼いでいたカソリック教会は免罪符が売れず経済的にも信者の数でも圧迫されました。

そこで布教の新天地として日本に目を付けたのです。キリシタン大名ができるほど信者は増えました。その一方、黒人は人間ではないとの見解を持つカソリック教会は黒人奴隷を日本連れてきました。また、日本人すら奴隷売買の対象として海外に連れ去るなど、暴力的側面をあらわにしました。

このころ連れてこられた黒人奴隷を信長が買い受けて、弥助と命名し側近くに置き士分に取り立てたことは知られています。ちなみに、同時期に種子島に伝来した鉄砲はたちまち国産化し、伝来から約五〇年後の秀吉の朝鮮征伐では朝鮮を蹴散らし、明の軍隊を圧倒しました。関ヶ原のころに日本が保有する鉄砲の総数は五十万丁に及んだとの説もあり、世界最大の武器保有だったと考えられます。

アジア諸国を食い物にした白人勢力もこの圧倒的武力の前では手が出せない。キリスト教を手段にして食い物にするしかない。ついに最後に天草で武装蜂起しました。天草四郎はキリスト教国の武装支援つまり日本対する外国からの侵略を切望し、南蛮船の到来を待ち望みましたが、五十万丁の鉄砲を擁する日本を武装侵略できる白人国家はありません。キリシタンは根絶やしになりました。

インド、ベトナム、フイリッピン、インドネシアどころか、北米、中南米、アフリカがつぎつぎと白人の毒牙にかかる中、徳川幕府は武装中立を約三〇〇年保つことになります。

江戸時代、キリシタンは禁止されました。しかし棄教しなかった隠れたキリシタンは約三〇〇年に亘り信仰を受け継ぎました。明治以降キリシタン禁教が解かれると隠れたキリシタンは信仰を告白します。

その形態はかなり研究が進んでいて、まさに受容と変容の見本市です。マリア信仰は観音信仰と融合する。聖書の言葉は祝詞と融合して神への感謝、祖先崇拝にと変容していきます。もはやキリスト教と呼べるかどうか判断しがたいです。

実はキリスト教以外にも絶対禁制された宗があります。日蓮宗の一派。不受不施派です。仏教は外国からもたらされた教えですので、開祖はみな外国人です。お釈迦様にしてもインド北方のネパールの方です。

しかし、日蓮宗だけは日本人、日蓮上人が起こした仏教です。きわめて厳格な部分を含んでいます。俗に針金宗ともいわれます。秀吉が全仏教教団に大法要を営むよう命じたとき、日蓮宗が割れます。他宗を拝まず、布施もしない・受けない。不受不施を唱える一派は徳川幕府によってキリシタン同様の禁教に遭います。結果として、サンガを形成したのです。仏教の先祖返りみたいな感があります。

キリスト教の変容と受容

キリスト教それ自体も受容と変容を重ねています。イスラエルの民族宗教であったものがローマ帝国に広がり、東方教会にもなりました。権威の源泉であったローマ教会もルターの宗教改革で分裂します。

明治のキリスト者内村鑑三は深い内省の果てに、

「イエスに深き強き愛国心があった。故に我等彼が弟子にも亦是がなくてはならない。我等も亦我等の國を愛さなくてはならない。」

戦国の世のキリスト者は、白人の侵略を待ち望みましたが、明治以降のキリスト者は白人に立ち向かう大東亜の戦士となりました。愛国的キリスト者の出現です。カソリックの上智大学からはたくさんの戦没学徒が出ており、靖国に祀られています。

上智大学の出陣学徒の方は靖国に参拝しています。カソリックは愛国者となっています。今日、保守と呼ばれる方々の中にも熱心なキリスト者は数多くいらっしゃいます。

クリスマスはもみの木祭り、バレンタインはチョコレート記念日、ハローウインは大仮装祭りです。日本の年中行事と化したクリスマス・バレンタイン・ハローウインをもって日本のキリスト教化は論じられません。そう、他国の祭りの導入でしかない。一〇月末の土曜日渋谷に立てば、そこに繰り広げられる景色は、大仮装まつり。キリスト教もケルトもそこにはいない。秋祭りの仮装大会。他国の祭りも祝されるのです。

＊ひと言：縄文以来、八百万の神は日本にあり、仏教やキリスト教などを、このようにして相対化して受け入れてきた。つまり、絶対化させない文明的素養を持ち続けたといえます。

不思議の国ニッポンです。

《解説》　宮崎正弘（評論家）

人間に貧富の差別あり、美醜の違いあり、才能の格差あり、しかし平等なのは、どんな人間も最後は死ぬことである。

死を前にして人生のまとめを計算しながら日々を送る「終活」などという語彙が流行語になる時代である。

団塊の世代がそろそろ人生完結の準備を始めるため葬儀、お墓の需要が高まるかと思えば、海に遺骨を流すようなセレモニーも合法化され、普及し始めた。

なかには合同あるいは共同墓地を希望したり、葬式は不要、すくなくとも坊主を呼んでのお経は要らないという人も増えてきた。驚いたのは火葬に際して棺も要らないという吝嗇家も出現したとか。嘆かわしい傾向でもあるが、自分が無神論者だと錯覚した日本人が戦後教育のために確実に増えた証拠でもある。また少子高齢化、人口の都会集中によりコミュニテイィが崩壊しつつある我が国の現象に呼応した傾向である。

そういう日本人に限って正月には神社へお参りし、葬儀になると突如仏教徒にもどる。日本のキリスト教信者も人口の一％近くはいるらしいが、大概が仏式で葬儀を行う。カソリック教会で葬式をおこなった著名人といえば遠藤周作、渡部昇一氏を思い出す。僧侶を呼ばず、無宗派のかたちだが、青山斎場などで盛大な葬儀をした著名作家、芸能人は枚挙に暇なく、評者の知り合いでも村松剛、木内信胤氏らがそうだった。めずらしくロシア正教会（神田ニコライ堂）で正教会形式の葬儀をおこなったのはソルジェニツィンの翻訳家としても知られたロシア文学者の木村浩氏だった。評者はいずれの葬儀にも列席しており、式次第の観察を通して文化的、風俗的な学習にもなった。

海外でも台湾の親友を亡くしたときは台北へ飛んで葬儀に列席した。在日外国人でも評者が保証人をしていた英国人が事故死したおりは両親が訪日して仏式でやりたいというので通夜、葬儀の手配から菩提寺の選定まで世話をしたし、ベトナム人の葬儀ではなんと家族的なコミュニティ挙げての、愛情豊かな儀式であることかと感動したものだった。後者ベトナムの場合は、僧侶を呼ばず、経をそらんじる友人等が僧衣をまとい、長い音楽のような東南アジア特有の御経を皆で読経するのだった。

ことほど左様に葬儀とは単なる儀式ではない。葬儀は文化なのである。

生前葬を行う人も多い。しかしお墓を準備せずにセレモニーだけ執り行っても残された人が困るだろう。生前葬にも何回かでたことがあるが、人生のまとめをスライドで演出したり、友人に予めの「弔辞」を読ませたりの工夫が見られた。海に遺骨を散布したのは、畏敬の友、片岡哲哉氏の時でヨットのうえで、ハイネの詩を朗読し、海に遺骨を散布し、ワインを注いだこともあった。

さて本書は葬儀屋としてもベテランの筆者が、その営業活動を振り返って、やさしく書き下ろした入門書のかたちをとっている。

前半が葬儀の定番である通夜と告別式、初七日のノウハウ、後半は喪中欠礼のハガキから、形見分けの遺り方など、そして高齢化社会から介護の問題に及び、その基底に流れるのは日本文化論、あるいは世界宗教比較論である。

評者は著者の大川誠司氏と半世紀近い交友関係にあり、実際に自分の壽墓建立のときも手伝って貰った。そればかりか墓石の手配もお願いした。くわえて他人様の「偲ぶ会」も何度か共通に組織した経緯もあるため氏の宗教儀式に対しての博学ぶりはよく知っている。

まず日本の葬儀は九九％が仏式で営まれ、九九・九％が火葬されるという。日本では森林葬や鳥葬などは希である。

となると葬儀の準備の段階で「はて我が家は何宗か」「戒名は誰に頼むのか」「行政の手続きはどうすれば良いのか」と初歩的に疑問を抱く人が夥しい。これは日頃の信心が足りない証拠であり、先祖代々のお墓を守り供養と続けてきた家庭ならあり得ないことだ。ところが都会で、しかもマンション暮らしの現代人には日常的に起きている現実だ。

戦後のアメリカ的文化要素が加わって日本人が伝統ということを深く考えなくなった結果、起きてきた珍現象であって、諸外国では考えにくい。世界を見渡しても無神論が多数派の国と言えば、チェコ、ドイツ、アルバニア、そして中国大陸くらいだろう。チェコとドイツはフスの火あぶり、ルターの宗教改革があって既存の教会への不信感が拡がった結果であり、アルバニアは独裁政治の残滓、中国の場合は共産党そのものが「一神教」であるがゆえに他の神々を認めないからだ。

ところが中国でも民衆は仏式か道教儀式で行い法律では禁止されている筈の土葬の伝統を守っている。だからノーベル平和賞の劉暁波氏の葬儀にあたって家族に水葬を強要し、遺骨を海に流すことを命じた中国共産党の遣り方に中国民衆は怒りを抱いている。香港のような土地の希少なところではお墓がマンション形式である。中国民衆は末端の社会生活に於いてじつは葬儀を非常に重視している。

いずれにしても通夜、葬儀に関する知識を生前から身につけておかないと悪徳葬儀屋にたっぷり費用をとられるからご用心めされ、と警告が述べられている。

つぎに重要なのは故人の財産処分であり、遺言があれば弁護士立ち会いの下に整理し、或いは略式裁判で解決することもあるが、財産わけをめぐる醜い争いが絶えず、とくに有名人の死後の不名誉に関しては週刊誌のスキャンダル報道でお馴染みであろう。

著者の強みは銀行に身を置いた経験があり、何回も財産争いの現場に立ち会ったことがあるため数々のアドバイスが有益な参考となる。


さて本書には日本の葬儀スタイルの源流に関して歴史的考察がなされ、これが本書の肯綮のひとつと言える。

曰く。

「古代エジプトではミイラづくり、ピラミッドの建設と途轍もない国家事業の葬儀産業があったことはうかがい知ることができます。

では東亜ではどうだったのでしょうか。誰が葬儀屋を始めたかは歴史上判明していません。少なくとも、春秋時代の支那では葬儀業がありました。孟母三遷の教えを見れば明らかです。もっと具体的には孔子様です。約二五〇〇年前の人です。孔子様は葬儀屋です。周礼、孔子の時代から三〇〇年ほど前の周公の礼法を至高のものとして、その周礼の採用を諸侯に説き、仕官を求め続けました。（その時点で）三〇〇年前の礼法を取り上げる諸侯はなく、孔子様はなくなりました。今でいえば、三〇〇年前は、赤穂浪士討ち入りの時代くらいです。その時代の礼法　祖先祭りを平成の御代に説いて回っても誰も取り上げてはくれません。孔子様は失意の中で死に、語録としての論語が残っています」

なるほど、孔子様が「葬儀屋」であったとは本書における最重要箇所である。

評者は中国山東省曲阜の孔子廟と、杏林堂（孔子学院の源流といえる）を取材したことがあるが、どの石碑にも、パンフにもそんなことは書いてなく、参詣客といえば、井上靖の『孔子』の翻訳本など書籍には一切目も呉れずに「孔廟」とかの白酒を土産に買っていた。現世の御利益はお守りだけというさもしい信仰風景を目撃して日本とはえらく違うなぁと関心したものだった。

いずれにしても本書は単なる葬儀ノウハウではなく、全編に漂う日本文化論の基調を私たち読者は大いに参考とすべきであろう。

◎著者
大川誠司（おおかわ・せいじ）
昭和29年東京港区生まれ。明治大学法学部卒。
勤務先銀行破綻後アミューズメント会社勤務しつつ、
ビル管理会社を経営、その後葬儀会社を設立し現在に至る。
その傍ら豊富な人生経験と文化的歴史的素養を生かしての
コンサルタント会社も経営。
幾多の葬儀に携わり「生と死」、「送る、送られる」ことの意味を探りつつ、
知らないことの多い葬儀の本音や知識を本書で紹介している。

◎参考文献
林房雄『天皇の起源』浪漫
林房雄『神武天皇実在論』光文社文庫
林房雄『大東亜戦争肯定論』番町書房
戸田哲也『縄文』光文社文庫
宇治谷猛『続日本紀』講談社文庫
長浜浩明『韓国人は何処から来たか』展転社
平泉　澄『少年日本史』時事通信社
岡田英弘『中国の歴史』WAC
佐藤引夫『神国日本』ちくま書房
山村明義『本当はすごい神道』宝島社新書
上田　篤『一万年の天皇』文芸春秋
上田　篤『縄文人に学ぶ』新潮新書
菅野覚明『神道の逆襲』講談社新書
高森明勅『天皇と民の大嘗祭』展転社
葦津珍彦他『天皇―日本の命』日本教文社
折口信夫『大嘗祭の本義』全集三巻
空海『三教指帰』中公クラシックス
空海『般若心経秘鍵』太閤出版
松久保秀胤『唯識初歩』鈴木出版

不思議の国ニッポンのお葬式
～葬儀屋が語るココだけの話～

■発行日／平成30年1月22日（第1刷発行）
■著者／大川誠司
■発行人／漆原亮太
■編集人／永井由紀子
■カバーデザイン・DTP／山口英雄デザイン室
■発行所／啓文社書房
【本社】
〒133-0056　東京都江戸川区南小岩6-10-5 グリーンハイツ1階
電話／03-6458-0843
【編集部】
〒160-0022　東京都新宿区新宿1-29-14　パレドール新宿202
■発売所／啓文社
■印刷・製本／株式会社　光邦

ISBN 978-4-89992-044-1　Printed in Japan
http://www.kei-bunsha.co.jp